오한기(敖漢旗) 요대(遼代) 벽화

전 혜 농

오한기(敖漢旗) 요대(遼代) 벽화

저자 전혜농
펴낸이 계원숙
발행일 2024년 4월 8일
펴낸곳 우리영토
출판인쇄 디자인센터산 032-424-0773
출판등록 제52-2006-00002
주소 인천광역시 연수구 한나루로 86번길 36-3
대표전화 032-832-4694

ISBN 978-89-92407-47-2 (93910)

책값은 뒤표지에 있습니다.
지은이와의 협의하에 인지를 붙이지 않습니다.

추천사

추천사

①

　중국 5000년 발전사에서 거란족은 훌륭한 중국 북방민족이다. 거란이라는 말은 '빈철(镔铁)'이라는 뜻이다. 즉 거란족은 강철 같은 의지를 가지고 있는 민족이다. 요(辽) 왕조 멸망 이후 수백 년 동안 유럽인과 아랍인들이 중국을 '키타이(Kitai)'라고 불렀을 정도로 거란족은 세계 문명사에서 중요한 위치를 차지하고 있다. 거란의 정치·경제·문화의 중심지는 적봉이다. 서랍목륜하(西拉木伦河)와 노합하(老哈河)가 관통하는 지역이자 내몽골에 펼쳐진 넓고 예쁜 대초원이 거란의 고토(故土)이다.
　오한기(敖汉旗)는 중국 내몽골 동남부에 위치하고 중국 전국의 현급(县级) 중 선두에 놓여 있다. 경내에 분포한 여러 시기의 문화유적 4000여 개 중 요대 유적이 300여 개 있다. 거란이 건국 초기에 오한기 지역에서 주(州), 현(县)을 설립하고 비교적 일찍 정치통치와 경제발전을 하였기 때문에 오한기는 요 왕조의 중심부가 되었고 요대문화가 발달한 지역이 되었다.
　근년의 요나라 벽화 발굴은 내몽골 동부지구에서 발견된 중요한 수확이다. 특히 오한기에서 발굴된 요나라 벽화는 얻기 어려운 귀한 문화유산이다. 요대 그림은 후세에 전해지고 있는 것이 거의 없어서 요대 무덤에서 볼 수 있는 벽화가 아주 귀하다. 특히 무덤의 벽화는 백세에 보존할 수 있는 예술 진품(珍品)이어서 '지하예술전당(地下艺术殿堂)'으로도 불린다.

요대 벽화무덤은 무덤마다 특징이 있고, 벽화들은 대부분 무덤 주인 생전의 모습을 그리고 있다. 벽화끼리는 내용이 서로 중복되지 않으며, 비슷한 내용이라면 형태가 다르다. 예를 들면 여러 무덤에서 마구(马球)를 치는 화면이 많이 발견되었는데 비교하면 차이점이 다양하다. 이 외에도 벽화의 내용은 연음(宴饮), 출행(出行), 수렵(狩猎), 종교(宗教), 일상생활 등으로 매우 많다. 요나라의 정치, 경제, 군사, 문화, 종교 등의 상황이 다양한 각도에서 반영되었다. 예쁘면서도 매우 귀중하다.

요나라 전문가의 말 중에 '오한기 요대벽화는 천 년을 보존할 수 있는 비디오'라는 말이 있다. 요대벽화는 사실성이 뛰어나다는 의미이다. 일부 초상화 등을 제외하고는 서기 10세기 거란왕조가 북방에 웅거한 200년 동안의 사회 각 측면을 사실적으로 기록하고 있다. 정치 측면에서 보면 벽화에 무덤 주인과 하인의 관계가 기록되어 있다. 예를 들면, 양산(羊山) 1호 무덤벽화에는 무덤 주인 생전의 연음과 출행이 기록되었다. 하인들이 주인을 공경하여 받들어 모시고 있는 연회장면도 있고, 오기오북(五旗五鼓), 의장대, 갑옷을 입은 호위대 등이 보이는 출행장면도 있다. 여기에는 무덤 주인 생전의 지위가 반영된 것이다. 경제 측면으로 보면 칠가(七家) 1호 무덤에 있는 추렵도(秋猎图)와 라마구(喇嘛沟) 무덤의 춘렵도(春猎图)는 가을철에 호랑이를 포위하여 사냥하는 장면과 봄철에 고니를 사냥하는 모습을 기록한 것이니 유목 및 수렵이라는 경제형태가 반영되어 있는 것이다. 음악, 체육, 오락 등 측면을 보면 벽화 주제 중에 산악도(散乐图), 북악도(鼓乐图), 주악도(奏乐图), 마구도(马球图) 등이 있으니 요대의 음악과 체육 관련 중요한 그림 자료를 제공한다. 수박도(西瓜图), 석류도(石榴图), 호상도(胡床图), 호병도(胡瓶图) 등 그림은 거란과 서방 국가의 관계가 반영되었다. 그리고 태호석모란도(太湖石牡丹图), 병풍도(屏风图), 다도도(茶道图) 등 벽화에는 중원(中原)지역 각 문화와의 교류도 표현되었다. 벽화를 그린 장인의 그림 솜씨가 다르지만 호방한 화풍이 북방 초원에 있는 거란 화가의 호기스러운 성격을 보여준다.

《오한기 요대 벽화》 책은 근간될 것이다. 전혜농(田惠农) 군이 융합고고학을 전공하는 박사과정 학생으로서 요나라 벽화 책을 체계적으로 정리할 수 있다는 것은 정말 기특한 일이다. 편집자의 노고와 심혈에 경의와 축하의 뜻을 표합니다!

내몽골 박물원 부원장: 부녕(付宁)

2024년 3월 26일

序

在中国五千年发展的长河中,契丹族作为一支北方少数民族,谱写了一段精彩的篇章。契丹,汉语意思是"镔铁",契丹族即是带有钢铁意志的民族。在辽王朝灭亡以后的数百年间,欧洲人和阿拉伯人仍然把中国称作契丹,由此可见契丹民族在世界文明史上的重要地位。契丹从发祥到建国其政治和经济中心尽在内蒙古赤峰辖内,西拉木伦河(辽时称潢水)、老哈河(辽时称土河)横贯全境,辽阔美丽的内蒙古大地是契丹的故土。

敖汉旗位于中国内蒙古东南部,境内分布的各个不同时期的古文化遗址点达4000余处,居全国县级之首,其中辽代遗址达300余处。契丹立国之初,便在敖汉地区设州立县,对其进行了较早的政治统治与经济开发,使敖汉旗成了辽王朝的腹地,成为辽文化的中心发达地区。

辽墓壁画是近年来内蒙古东部区辽代考古的重要收获,尤以敖汉旗所抢救清理的辽代壁画墓为大宗。辽代绘画的传世品很少,因此,保存于地下辽墓中的壁画便弥足珍贵。特别是将其从墓穴中揭取下来,便成了能保存百世的艺术珍品。

辽代壁画的表现内容十分广泛,有宴饮、出行、狩猎、宗教、借贷等内容。从不同的角度反映了辽代的政治、经济、军事、文化、宗教等情况。这些被誉为"地下艺术殿堂"的一幅幅色彩绚丽的壁画犹如一张张生动的画卷展现在人们面前,弥足珍贵。

辽墓壁画具有写实性很强的特点，往往是墓主人生前生活的写照。故每座墓都有自己的特点，大多都有一些新的内容出现，同时也出现了相雷同的内容或格式化的形式，如打马球的场面，但如相比较，还是有很多的差别。因此，除了一些神像等画面外，便较真实地记录了公元十世纪契丹王朝雄居北方两百年间社会各个层面，表现在政治层面：壁画记录了墓主人与仆人的关系。如羊山1号墓墓主人宴饮出行的情景，在宴饮时，有一群仆人侍奉，并有宴乐演奏；出行时有鼓乐壮行，有五旗五鼓、撑伞、身着铠甲的卫队等，代表着墓主人生前的社会地位。有专家称敖汉旗壁画是保存千年的录相带。经济方面：七家1号墓壁画的"秋猎图"以及喇嘛沟辽壁画墓的"春猎图"，生动地记录了秋天围猎老虎和春天猎捕天鹅的情景，反映出契丹游牧和狩猎的经济形态。音乐、体育、文化方面：反映文化生活的有散乐图、鼓乐图，更为珍贵的有契丹人奏乐图，反映体育的马球图等，为研究音乐、体育提供了图像资料。中西交往关系：有西瓜图、石榴图、胡床图、胡瓶图等内容。与中原文化的交流：壁画中出现了受中原汉文化影响的若干内容，如太湖石牡丹图（羊山1号墓、韩家窝铺第一地点辽墓）、屏风图（下湾子4号墓）、茶道图（羊山1号墓）等。高超的绘画艺术：壁画绘画水平虽然有拙巧之分，高低之别，但均笔笔生风，显示出北方草原画派的契丹画家的豪放骠悍的性格和独特画风，有学者称辽墓壁画是中国壁画的最后闪光。

《敖汉旗辽代壁画》出版在即，作为一个研读融合考古学的博士生能在学习期间系统地整理出一部辽代壁画专辑，确系难能可贵。仅在此对编者付出的辛勤劳作和心血表示敬意和祝贺！

内蒙古博物院副院长、研究馆员：付宁

2024年3月26日

추천사 · ②

요나라는 야율씨(耶律氏)를 우두머리로 하는 거란족이 이룩한 봉건왕조이다. 기원 907년에 건국하고 1125년에 서쪽으로 옮겨갔다. 거란은 중국 북방 초원을 두 세기 동안 통치했다.

내몽골 오한기는 요나라의 중심지에 위치하고 있다. 요태조(辽太祖) 야율아보기(耶律阿保机)가 건국하기 전에 세운 두하주(头下州)(무안주(武安州))와 요목종(辽穆宗)이 요태종(辽太宗) 야율덕광(耶律德光)의 출생지에 세운 강성주(降聖州)가 모두 오한기 내이다. 그래서 아주 풍부한 요대 유물과 유적이 지상 및 지하에 보존되어 있다.

지금까지 오한기박물관에 많은 요대 유물이 보관되었는데 귀한 옥기, 도자기, 금은기, 견직물이 있을 뿐만 아니라 요대 벽화도 많이 수장되었다. 근 삼십 년 사이에 발굴자들이 오한기에서 요대 벽화 무덤을 많이 발굴하여 78개 벽화를 떼어 보존하였다. 요대 벽화가 1996년에 북경요금성원박물관에서 전시되었을 때 중국 고고학계와 미술계가 뒤흔들렸다. 중국의 유명한 사학자 사수청(史樹靑) 선생은 이를 보고 영감이 떠올라 칠언 율시(七言律詩)를 한 수 지었다.
"契丹文物取燕都, 又见胡環卓歇图。奇珍异宝重典守, 大辽壁画世间无。"

요나라 화가의 작품이 후세에 전해진 경우는 아주 드물다. 가장 유명한 것은 호환(胡環)의 〈탁걸도(桌歇图)〉인데 오한기에서 출토된 요대 벽화가 탁걸도와 비슷해서 진기한 보물이 될 수 있다. 특히 오한기에서 발견된 〈수박도(西瓜图)〉, 〈춘렵도(春獵图)〉, 〈마구도(马球图)〉, 〈팔가병풍도(八哥屛风图)〉, 〈렵호도(獵虎图)〉, 〈응군도(鹰军图)〉 등은 중국에서 처음 발견된 것이다.

오한기 하만자(下湾子)무덤에서 발견된 쌍계도(双鸡图), 쌍견도(双犬图), 팔가병풍도(八哥屛风图), 연음도(宴饮图), 비음도(备饮图) 등도 훌륭한 걸작들이다. 특히 쌍계도와 팔가병풍도의 제도기법은 현대 화가들도 경탄을 금치 못한다.

〈수박도〉에 그려진 요나라 원예사가 재배하는 수박과 숯불에 있는 호병(胡瓶)을 보면 거란과 서방국가의 교류가 반영되어 있다. 최초의 수박은 고대 이집트와 중앙아시아에 있는 시르다리야강(Syr Darya)과 아무다리야강(Amu Darya) 유역에 있는데 당나라 초기에 회골인(回鹘人)이 수박을 신장(新疆)에 도입했다. 야율아보기(耶律阿保机)는 서쪽 정벌을 위해 신장으로 두 번 원정을 다녀오며 수박씨와 재배기술을 가져온다. 이때부터 수박이 요나라에 나타난다.

오한기 라마구(喇嘛沟)무덤에서 발견된 벽화들에는 농후한 거란의 생활 정취가 있다. 〈춘렵도(春猎图)〉의 동서 양 벽에 그려진 것은 수렵하는 장면이다. 서벽에 거란 남자 5명을 그렸는데, 신발을 든 사람, 금(琴)을 안는 사람, 화살을 든 사람, 허리에 편고(扁鼓)를 단 사람, 해동청을 떠받든 사람이 있다. 연장자가 가운데에 서 있다. 해동청은 동해(东海)에 있는 작은 매이고 백조와 들오리를 능숙하게 잡을 수 있다.

오한기 낭랑묘(娘娘庙) 무덤에 있는 벽화에는 초원, 소 떼, 양 떼가 그려져 있고 2명의 거란 목동(牧童)이 웃통을 벗고 씨름의 동작을 하고 있다. 오늘날의 몽골식 씨름은 흉노와 거란에서 기원했음을 알 수 있다. 《요사》는 이런 운동을 각저희(角抵戏)라고 기록하고 있다. 낭랑묘 각저도(角抵图)에 나타난 2명의 거란 목동은 나이가 열 살쯤 되어 보였고 씨름의 동작이 아주 능숙해 보였다. 이 각저도(角抵图)는 요대 벽화 중에 처음 나타나는 것이다.

각저를 비롯하여 거란인이 좋아하는 운동으로 유명한 것은 마구(马球)이다. 마구는 중앙아시아와 서아시아에서 기원한 것인데 당나라 때 중국에서 들어와서 유행했다. 거란은 말등 위의 민족이라고 불려서 이 운동을 잘 받아들일 수 있었다. 1990년에 오한기 보국토향(宝国吐乡) 피장구(皮匠沟)무덤에서 마구도(马球图)가 발견되었다. 이는 중국 전국에서 처음 나온 것이다. 0.7제곱미터가 안 되는 면적에서 5명이 말을 한 필씩 타고 있는데, 4명은 경기를 하고 있고 또 1명은 장외에 있으니 후보 선수나 심판 같다. 마니한향(玛尼罕乡)에 있는 칠가(七家)무덤에서도 마구도가 발견되었다. 그 그림에는 8명의 선수가 있고 경기의 장면이 아주 치열하다. 《요사》에 따르면 거란의 황족(皇族)과 고관대작(高官大爵)과 백성들은 마구 운동을 좋아해서 매년 전국적으로 경기를 열었다고 한다.

전혜농 군이 거란문화를 탐구하고 의문을 풀기 위해 편집한 《오한기 요대 벽화》는 그가 수년간 심혈을 기울여 연구하고 집요하게 추구한 학문적 성과이다. 이 책은 중국 북방 거란민족정권 형성과정의 위상과 역할을 이해하고 요나라의 정치, 경제, 문화, 군사, 불교, 미술, 예악, 장속 등을 연구하는 데 매우 중요한 기초자료를 제공할 것이다.

중국내몽골자치구문물감정위원회 위원
중국내몽골선사문화박물관 관장: 전언국(田彦国)

2024년 3월 26일

序

辽国是以耶律氏为首的契丹族建立的封建王朝,公元907年建国至1125年西迁,统治中国北方长达两个多世纪。内蒙古敖汉旗地处辽国腹地,辽太祖耶律阿保机于建国前创立的头下州——武安州和辽穆宗在太祖耶律德光降生地所建的降圣州,均在敖汉旗境内,故这里地上地下保存着十分丰富的辽代文物古迹。

现敖汉旗博物馆收藏的大批辽代文物中,不但有一批较为珍贵的玉器、瓷器、金银器和丝织品,尤为重要的是近三十年来,考古人员抢救清理了一批辽代壁画墓,成功揭取并保存了78幅。1996年在北京辽金城垣博物馆展出,一时轰动了京城的考古界和美术界,中国已故著名的史学家史树青先生欣然命笔七律四言诗一首:

契丹文物取燕都,又见胡瓌卓歇图。

奇珍异宝重典守,大辽壁画世间无。

辽代画家的传世之作十分稀少,寥寥无几,最著名当属胡瓌的《桌歇图》,属流传下来契丹画家的代表作,而将敖汉旗揭取的辽墓壁画同《桌歇图》相媲美,足见这些壁画属"异宝奇珍"了。特别是揭取的《西瓜图》、《春猎图》、《马球图》、《八哥屏风图》、《猎虎图》、《鹰军图》均在全国首次发现。

敖汉旗下湾子辽代壁画墓所绘的,双鸡图,双犬图、八哥屏风图、墓主人宴饮图、备饮图等均属于辽壁画的上乘之作,尤其是"双鸡"和"八哥"的大写意技法,现代画家也为之惊叹。

　　"西瓜图"使我们第一次看到辽国园艺家所栽培的西瓜图像和放在火炭的胡瓶,这是反映中西关系的重要内容。西瓜最早栽培于古埃及,在中亚的锡尔河和阿姆河流域,唐代初叶回鹘人将西瓜引种到今新疆地区,西瓜至少有三千多年的栽培史,辽太祖耶律阿保机两次西征,将西瓜籽和栽培技术带回,至此西瓜便在辽境开花结果。

　　敖汉旗喇嘛沟辽代壁画墓则具有浓厚的契丹生活气息。《春猎图》东、西两壁绘的是出行春猎的场面,西面五契丹男子,有捧靴者、抱琴者、持弓箭者、腰挂扁鼓者、擎海东青者,年长者居于5人间。海东青是产于五国之东海的一种体小而敏捷的鹰,善捕天鹅和野鸭。

　　敖汉旗娘娘庙辽代壁画墓绘有草地上悠闲的牛群和马群,一派草原风光,两个契丹牧童赤臂露胸正在做摔跤的准备动作,今天的蒙古式摔跤即源于匈奴和契丹。《辽史》称为角抵戏,娘娘庙壁画所绘摔跤图的两个男童十岁左右,但所做动作十分认真,这是我们在辽墓壁画中所见到的第一幅角抵图。

　　契丹人另一项比较喜欢的体育运动是打马球。敖汉旗第一幅马球图是1990年发现于宝国吐乡皮匠沟1号辽墓,这也是全国第一次见到北方民族打马球的场面。在不到0.75平方米的面积画有5人各乘一马,4人在球场内比赛,各挥动月杖,另一骑站在场外似为替补或裁判。第二幅马球图发现于玛尼罕乡七家1号辽墓,球场上至少有8骑,这座墓的马球图比赛更为激烈,所画马匹均四蹄腾空,绕场狂奔,足见比赛之激烈。

　　马球运动产生于中亚、西亚一带,唐时传入中国,并兴极一时。契丹是马背民族,很容易接受这项体育运动,据《辽史》载,全国上下的皇亲国戚、达贵高官、臣民均十分喜爱马球运动,每年还要举行全国性的马球比赛。

　　田惠农博士酷爱对契丹辽文化的探寻和解惑,其编辑出版的《敖汉辽代壁画》一书,是他多年的心血,潜心的研究,执着的追求而获取的学术成果,是一部辽代壁画研究的上乘之作,对于了解中国北方契丹民族政权形成过程中的地位和作用,研究辽代政治、经济、文化、军事、佛教、美术、礼乐、葬俗等方面均提供了极为重要的基础资料。

中国内蒙古自治区文物鉴定委员会专家
中国内蒙古敖汉旗博物馆研究馆员　田彦国

2024年3月26日

추천사·③

    중화문명탐원공정(中华文明探源工程)의 진전에 따라 고고학·유물학·역사학·예술·인류학·사회학·민족학·박물관학 등의 인문학과 식물학·동물학·천문학·화학 등의 이공학이 융합하여 다양한 각도의 연구를 시작하였다. 인문학에서 역사든 고고학이든 단일과목의 시야로는 문제해결에 한계가 있다. 복잡한 문화유산, 특히 선사시대의 유산을 탐구할 때 수수께끼를 밝히기 어렵다. 따라서 역사학에 따라 문헌으로 역사를 고증하면서, 그 보조로써 고고학, 인류학, 민족학 등에 근거하여 유물로 역사를 증명하고 사료 부족을 보충하는 것은 역사를 연구하는 데 매우 중요한 방법이다.

    북방 유목민족에는 여러 갈래가 있으니 흉노(匈奴), 오환(烏桓), 돌궐(突厥), 회골(回鶻), 거란(契丹), 당항(党项), 여진(女真), 몽골(蒙古) 등이다. 한문사료가 많이 없고 거란대자, 거란소자, 서하문, 여진문 등도 절학(絕學)이 되었다. 그래서 유적이나 무덤에서 출토된 유물은 그 시대의 정치·군사·경제·문화·생활·민속·민족관계 등 여러 방면을 연구할 수 있는 중요한 증거이다. 그리고 현재 볼 수 있는 자료 중 당시 사람들의 생활상을 가장 잘 보여주는 자료는 사찰벽화·석굴벽화·무덤벽화·관화(棺画)·화상석(画像石)·화상벽돌(画像砖)·암벽화(岩画) 등이다. 먼 옛날부터 전해 내려오는 서화, 유물의 무늬 등은 고고학자들이 역사를 해독하는 열쇠가 되었고, 현대에는 벽화 역시 그러한 역할을 하고 있다.

벽화는 초기 도기의 무늬와 암각화에서 유래한 것으로 보인다. 벽화는 일반적으로 묘실에서 발견된다. 묘실벽화는 보통 묘실의 벽면에 그려져 있고 내용은 주로 무덤 주인 생전의 생활상인데 이외에 신령성물(神灵聖物), 신화전설(神话传说), 역사, 일월성신, 장식문양(装饰纹样) 등도 있다. 이는 무덤주인이 저승에서 행복하게 살기를 기원하는 목적이다. 지금까지 발견된 묘실벽화 중 최초는 서한시대 광주(广州) 상강산(象岗山) 남월왕묘(南越王墓)와 하남상구(河南商丘) 시원(柿园) 망당산(芒砀山) 양왕묘(梁王墓)이다.

묘실벽화 중 요대 벽화에 관한 중요한 자료들은 다음과 같다. 1939년 일본 학자 타무라 지쓰조(田村實造)와 코바야시 유키가 경릉(庆陵)조사단을 성립하고 요상경경동릉(辽上京庆东陵)의 묘실과 묘실벽화들을 측정하고 사진을 찍었다. 그 결과는 1952년에 출판된 〈경릉: 내몽골요대제왕릉과 벽화의 고고학조사보고〉(庆陵:内蒙古辽代帝王陵及其壁画的考古学调查报告)에 기록되어 있다. 그 중에 동릉(东陵) 묘문의 벽화, 전실(前室) 동서 양 벽의 벽화, 전실 동서이실(东西耳室) 벽화, 중실(中室)벽화, 무덤 동서 양벽 벽화들은 저자에 의해 인물화, 산수화(山水画), 건축화(建筑画) 3가지로 분류되어 있는데 요금(辽金) 사학계에 광범위한 관심을 불러일으켰다. 또한 요서경(辽西京) 발굴팀은 산서 대동 선화(宣化) 하팔리촌(下八里村) 북쪽에 있는 요대 장씨(张氏)와 한씨(韩氏)의 벽화 무덤군을 발굴하였다. 여기서 발견된 산악도(散乐图), 다도도(茶道图), 천문도(天文图), 출행도(出行图), 사녀도(仕女图), 비경도(备经图) 등은 중국 국내에서 처음으로 발견된 것이다. 요동경(辽东京) 지역에서 발견된 요양요북(辽阳辽北) 재상 소의(萧义) 무덤에서 서벽에는 출행도가, 동벽에는 귀환도(归还图)가 그려져 있다. 묘문 양쪽 벽에는 비음도(备飲图)와 비식도(备食图)가 있고 용도(甬道) 동서 양 벽에 그려진 무사(武士)의 키는 3m이다. 또한 법고(法库) 엽모태(叶茂台) 요대 무덤에서 출토된 〈심산회기도(深山会棋图)〉와 〈죽작쌍토도(竹雀双兔图)〉의 역사 가치도 아주 높다. 이들은 모두 요대의 역사·문화·천문·민속·복식·생활 등을 연구하는 데 큰 의의가 있는 자료들이다.

지금까지 요대 벽화가 가장 많이 발견된 지역이 바로 오한기이다. 《오한기 요대 벽화》 책이 출판됨에 따라, 내몽골 적봉지역의 요나라 회화에 대한 나의 의견을 서문에 간략하게 밝혔으니 잘못된 점이 있으면 조언을 부탁한다. 전혜농 군이 요나라 벽화 연구에서 더 많은 성과를 거두기를 기원합니다!

북경민속박물관 관장 : 조언생(曹彦生)

2024년 4월 1일

序

随着中华文明探源工程的深入,考古、文物、历史、艺术、人类学、社会学、民族学、博物馆学等传统人文学科,加之植物学、动物学、天文学、化学、计算机等理工类学科,多学科多角度综合研究。受历史、考古等单一学科的局限,人文学科的视野已难以揭示复杂的文化遗产之谜,尤其是史前历史的探究。历史学科历来讲究文献考据,随着考古学、人类学、民族学等学科的兴起,用文物印证历史以弥补史料不足,成为历史学科同仁的共识。

北方游牧民族诸如匈奴、乌桓、鲜卑、突厥、回鹘、契丹、党项、女真、蒙古等,汉文史料记载匮乏,遗存的契丹大小字、西夏文、女真文等也成为绝学,所以遗址、墓葬遗存物成为探究那个时代政治、军事、经济、文化、生活、民俗、民族关系等重要的物证,而最能穿越时空、影像古代诸族生活的寺庙壁画、石窟壁画、墓室壁画、棺画、画像石、画像砖、岩画等,以及传承下来的字画、文物上的纹饰,无疑都是学者破解历史迷案的一把钥匙。

1939年,日本人田村实造、小林行雄等组成庆陵调查团,重点对辽上京庆东陵墓室、室内壁画进行拍照与实测,载于1952年至1953年出版《庆陵:内蒙古辽代帝王陵及其壁画的考古学调查报告》(一、二册),其中涉及东陵墓门顶部壁画、前室东西壁壁画、前室东西耳室壁画、中室壁画、墓道东西壁壁画,作者将壁画分为人物画、山水画、建筑彩画等三种类型进行考察研究,引起辽金史学界的广泛关注。此外,辽西京考古发掘的山西大同宣化下八里村北辽代张氏世族和韩氏壁画墓群,包括散乐图、茶道图、天文图、出行图、仕女图、备经图等为国内首次发现,对研究辽代历史、文化、天文、民俗、服饰、生活等有重大意义,现为全国重点文物保护单位。

辽东京地区发现的辽阳辽北宰相萧义墓,墓道西壁绘出行,东壁画归来,墓门过洞两壁绘迎送主人的备饮、备食图,甬道东西壁所画武士高达3米。法库叶茂台辽墓出土的绢画《深山会棋图》和《竹雀双兔图》,文物价值、历史价值更高!辽中京、南京地域也发现了一些汉族墓室壁画,同样值得学界关注。

墓室壁画是中国传统壁画的重要部分,一般绘于墓室四壁,内容多为死者生前生活情景,也有神灵圣物、神话传说、历史故事、日月星辰、装饰纹样,目的是"视死如视生"祈愿死者在阴间幸福。至今发现的最早墓室壁画,当属西汉时期的广州象岗山南越王墓和河南商丘柿园芒砀山梁王墓。壁画可溯源于早期陶器的纹饰,更可追踪于岩画。阴山、贺兰山岩画闻名全球,还有全国重点文物保护单位克什克腾岩画群等散落岩画点。岩画与壁画的关系、墓室壁画与画像石画像砖的关系,也应引起学者的探讨,尤其是史前岩画,对探讨中华文明起源意义非凡!

敖汉旗是迄今为止辽代壁画发现并揭取最多的地区。在《敖汉旗辽墓壁画》一书即将出版之际,略陈自己对内蒙古赤峰地区辽代绘画的浅薄之见,如有不妥之处,请给于指教,愿田惠农博士在辽代壁画研究方面取得更多、更大的成绩。

北京民俗博物馆馆长、研究馆员　　曹彦生
二零二四年四月二十五日

추천사 ④

전혜농 군의 출판을 축하하며

    글쓴이가 거란벽화에 관심을 갖게 된 계기는 중국 내몽고 적봉시 박물관에 전시된 거란의 무덤 벽화 중에서 사람의 키보다 작은 과하마(果下馬) 그림을 본 것이었다. 한국의 역사책에서 보았던 과하마가 거란의 무덤 벽화에 나오는 것을 보고 '왜 거란의 고분벽화에 과하마가 나오지? 그리고 저 과하마는 어떤 종의 말이지?' 하는 관심을 가지게 되었다. 동시에 '거란고분벽화 중 고고학 연구에 도움이 될 수 있는 다른 그림들은 없을까' 하는 생각을 하면서 점점 관심을 갖게 되었다. 그 후 이런저런 거란고분벽화를 찾아봤는데 자료가 정말 많았다. 그런데 이런 많은 자료들을 모아놓은 자료집은 찾지 못하였다. 참 아쉬운 일이었다.

    그러던 중에 오한기박물관에 거란고분벽화를 모아둔 전시실이 문을 열었고, 그 전시실을 드나들면서 거란벽화의 많은 부분을 알게 되었다. 한국의 전통악기라는 장고를 치는 악대의 그림, 작은 어린이가 졸음에 겨워 턱을 고이고 행복한 미소를 머금고 단잠을 자는 모습 등 한국인의 정서에 맞는 그림들이 많았다. 다른 사람들에게도 보여주고 연구하고 싶은데 모든 사람이 오한기박물관에 올 수는 없을 테니 이 벽화들을 한국에 전시할 계획을 세웠다. 한국 전시 절

차는 잘 진행되었지만 한국의 동북아역사재단의 얼토당토않은 장난질에 그 전시계획은 취소되었다. 그래도 연구는 나의 계획대로 진행하고 싶었다. 그런데 점점 늘어나는 벽화에 비하여 중국 학계에서 이를 정리하지 않아 도대체 어디에 얼마나 있는지 알 수가 없었다. 이 점도 참 아쉬웠다. 그렇게 오랜 시간이 흐르고 있을 때 중국 오한기에서 한국으로 유학 온 전혜농 군이 전체 오한기에 있는 거란의 무덤벽화를 정리해 보고 싶다고 하였다. 참 좋은 생각이라 하여 전 군의 옆에서 틈틈이 도와주었고, 다른 한편 공부를 하면서 이 책을 출판하는 단계에 이르렀다.

이 연구의 특징은 전 군이 중국학계에서 잘 하지 않은 방법으로 접근한 것이다. 그것은 먼저 거란의 민족사를 이해하고, 그리고 거란벽화의 선후관계, 즉 발해, 오대(五代) 그리고 거란 그리고 금(金)으로 이어지는 계통을 설명하고 있는 것이다. 이런 연구방향을 설정하여 진행하기에 혹시 큰 실수가 있지 않을까 하여 다른 자료를 찾아보면서 보완할 것은 보완해 주었다. 지도교수의 입장에서 볼 때는 벌써 이럴 정도가 되었나 하는 기특한 마음이 들었고, 앞으로 큰 연구자로 성장하겠구나 하는 생각도 들었다.

이번 연구는 전체 거란의 무덤벽화 중에 일부인 적봉시 오한기 지역의 것에 한정하였다. 그렇지만 학계에서 처음으로 거란무덤벽화를 체계적이고 통사적으로 연구한 첫 결과로서 연구사에 큰 의미를 가질 것이다. 앞으로 이 연구는 모든 거란무덤벽화 연구에 있어 반드시 언급되어야 할 연구결과인 것이다. 이 연구를 하는 과정에서 미주알고주알 했던 본인으로서는 전 군이 이 연구를 바탕으로 전체 거란무덤벽화를 연구해 봤으면 하는 바람도 생겼다. 언제가 될지 모르지만 그렇게 되면 이번 연구보다 훨씬 더 수준이 높아진 연구 결과가 나오지 않을까 하는 생각이 든다. 전 군에서 그럴 기회가 오면 그 때는 본인도 전 군의 지도를 받으며 그 연구단에 참여하여 같이 연구를 했으면 하면서 이 글을 맺는다.

  더불어 꼭 하고 싶은 말은 이 연구와 책을 내는 과정에서 전 군의 동학이지만 많은 뒷바라지를 해준 계원숙원장님과 전 군의 후배인 정다원 군에게 감사를 드린다. 전 군 수고 많이 했고, 이번 연구에 멀리서 많은 지도를 해준 아버지 전언국 관장님과 많은 자료를 찾아서 보내준 어머님에게 고마움을 잊지 않고, 앞으로도 모든 연구에 늘 겸손한 마음으로 연구하는 학자가 되길 바란다.

2024년 4월

지도교수 복 기 대

목차

추천사　9

1장　오한기(敖漢旗) 요대(遼代) 벽화

　1. 거란은 어떤 나라인가　33

　2. 왜 오한기의 벽화무덤 연구가 필요한가?　41

2장　오한기 지역의 벽화무덤

　1. 백탑자(白塔子) 요대 무덤　48

　2. 북삼가(北三家) 1호 무덤과 3호 무덤　50

　3. 라마구(喇嘛溝) 요대 무덤　55

　4. 양산(羊山) 1, 2, 3호 무덤　57

　5. 산저(山咀) 요대 벽화　64

　6. 육간방(六間房) 무덤　66

　7. 한가와포(韓家窩鋪) 제1지점 1호 무덤과 제2지점 2호 무덤 및　67
　　　6호 무덤

8. 피장구(皮匠溝) 1호 무덤	73
9. 하만자(下灣子) 1, 2, 5호 무덤	75
10. 낭랑묘(娘娘廟) 요대 무덤	79
11. 칠가(七家) 1, 2, 3, 5호 무덤	81

3장 벽화 내용의 분석

1. 장식류 벽화	89
2. 경관류 벽화	93
3. 동물류 벽화	98
4. 종교 벽화	103
5. 생활류 벽화	110

   (1) 수렵

   (2) 연음과 시봉

   (3) 기악 및 오락

   (4) 출행

(5) 군사 및 호위

(6) 가구

(7) 화폐와 대차

4장   오한기 벽화무덤의 특징   237

5장   오한기의 거란   247

부록 1 발해 정효공주 벽화무덤 – 거란 벽화무덤의 기원   253
    2 거란 벽화무덤과 금대 벽화의 관계   259

1장
오한기(敖漢旗) 요대(遼代) 벽화

1장 오한기(敖漢旗) 요대(遼代) 벽화

1. 거란은 어떤 나라인가

《요사》에 의하면 거란은 옛 고조선의 영토 위에 건국된 나라다. 이 기록은 거란이 중요한 제례의식 역시 그 땅의 유구한 풍속을 재현하였다고 하였다. 이런 기록들을 바탕으로 거란을 살펴보면, 질랄부 부족 출신 태조 야율아보기가 건국한 907년부터 마지막 왕인 9대 야율연희까지(1125) 218년 동안 이어져 온 나라이다. '거란(契丹)'으로 불렀다가, 어느 때는 '요(遼)'라고 부르기도 하였다. 전성기에 그 영토는 동으로 지금의 요하, 서로 오늘날 러시아까지, 남으로 황하 유역, 북으로 지금의 중국 길림성 중부지역에까지 이르렀다. 즉 동으로는 고려, 남으로는 송, 북으로는 여진, 서부로는 중앙아시아 여러 세력들과 부딪히며 발전을 해왔다. 거란은 독실한 불교국가였기 때문에 그들의 중심지에 꼭 탑을 세웠는데, 탑의 위치로 사방의 중심지역을 추정할 수 있다.[1] 요탑의 위치를 고려하였을 때 그들은 현재 중국 내몽고 자치구, 적봉시의 임동을 중심으로 도읍을 정하고 동부는 현재 중국 요녕성 의무려산, 남부는 현재 중국 북경, 서부는 현재 중국 산서성 대동을 거점으로 삼은 것으로 보인다.

---

1   백만달, 《거란 전탑 연구》, 인하대학교 박사학위논문, 2020.

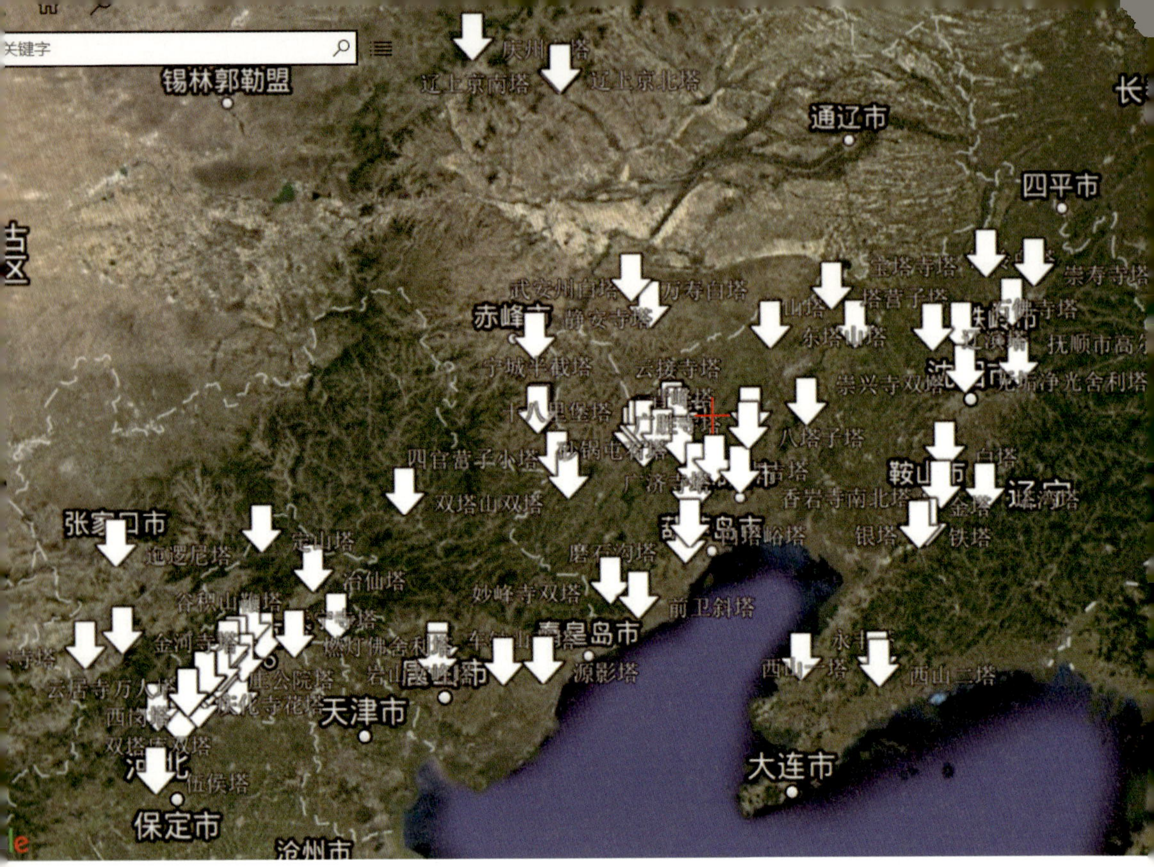

[그림 1] 요탑 위치로 본 요나라 강역(요탑의 위치를 화살표로 표시함)

거란의 문화는 주변의 다른 국가들의 문화와 다른 점이 많다. 그들은 누구에게도 동화되지 않으려고 고유한 문화를 발전시켰기 때문이다. 그 대표적인 것이 거란의 고유문자인 '대자', '소자'의 창제이다.[2]

[사진 1] 거란대자
(야율창윤耶律昌允 묘지명)

---

2   거란문자는 태조 야율아보기(耶律阿保機)가 만든 대자(大字)와 그의 동생 야율질라(耶律迭剌)가 만든 소자(小字)가 있다. 대자는 한자처럼 표의문자이고, 소자는 표음문자이다.

[사진 2] 거란소자(청동거울)
(국립중앙박물관 소재)

그러므로 전체적인 거란의 역사와 문화를 이해하기 위해서는 간단하게나마 거란족과 거란국이 형성되는 과정을 알아볼 필요가 있다. 요나라의 조상이 누군지는 자세히 밝혀지지 않았으나 《요사》에 기록된 내용으로 볼 때 초원지대에서 짐승을 기우던 사람들로 특별한 지도자가 없었던 것으로 보인다. 이런 상태에서 강한 세력이 나타나면 그쪽에 흡수되어 생활을 하다가 다시 누군가의 침략을 받으면 그 세력들과 더불어 생활을 하던 사람들이었다. 이렇게 넓디넓은 풀밭에서 살았지만 많은 세력자들은 이런 요나라 사람들을 늘 중시하였다. 그들이 기르는 말을 비롯한 가축들이 무엇보다도 중요한 자원이었기 때문이다. 따라서 그들에 관해 전해지는 내용들이 있었던 것으로 보인다. 대표적으로 금나라 때 기초가 잡힌 《요사》에 전해지고 있는데, 확인해 보면 다음과 같다. 먼저 《요사》에 그들의 조상에 대한 기록이 구체적으로 남아 있다.

부족(部族) 상(上)

부락을 부(部)라고 하고, 씨족을 족(族)이라고 한다. 거란의 옛 풍속에는 땅을 나누어 거주하고 씨족끼리 모여 살았다. 씨족으로 부락을 이루고 있는 경우는 5원(院)과 6원 같은 류(類)이며, 부락에 씨족을 이루고 있는 경우는 해왕(奚王)과 실위(室韋) 같은 류이다. 부락은 있지만 씨족을 이루지 않는 경우는 특리특면(特里特勉)·초와(稍瓦)·갈출(曷朮) 같은 류이고, 씨족은 있지만 부락이 없는 경우는 요련(遙輦) 9장(帳)과 황족 3부방(父房) 같은 류이다. 기수(奇首) 8부(部)는 고려와 연연(蠕蠕)의 침략을 받았을 때 겨우 1만 명으로 원위(元魏)에 귀부했다. 모여 산 지 얼마 되지 않아 북제(北齊)의 침략을 받아 남녀 10만여 명이 포로로 잡혔다. 이어서 돌궐의 핍박을 받아 1만 가(家)에 불과한 인구로 고구려에 의지하여 살았다. 부락(部落)이 나뉘고 흩어져 옛날 8부를 회복하지 못했다. 별도의 부락을 이루어 돌궐의 신하로 귀부한 자, 수나라에 내부(內附)한 자, 흘신수(紇臣水)에 의지해 사는 자들이 있었다. 이들 부락이 점점 많아져 10부로 나누고, 영토는 요서(遼西) 5백여 리를 차지하게 되었다. 당(唐)나라 때 대하씨(大賀氏)가 그대로 8부를 이루고 살았는데 송막(松漠)과 현주(玄州)가 별도의 부락을 이루어 떨어져 나가며 역시 10부가 되었다. 요련씨(遙輦氏)가 손만영(孫萬榮)과 가돌우(可突于)의 흩어진 잔여 무리를 모아 다시 8부를 이루었다. 그러나 요련과 질랄(迭剌)이 별도의 부락을 이루어 나가 또다시 10부가 되었다. 조오가한(阻午可汗) 때 20부로 나누었는데, 이때 와서 비로소 거란이 성대해졌다. 요나라 태조 때 이르러 요련 9장(帳)과 황족장 3부 방(父房)의 친족들을 나누어 다시 20부로 만들었다. 성종 때 16부를 두었다가 다시 18부로 늘려, 옛 부와 모두 54부가 되었다. 이밖에 별도로 안으로 국구족(國舅族)인 발리(拔里)와 을실이(乙室已)가 있고, 밖에는 부용(附庸) 10부가 있었으니, 참으로 강성하도다! 그 씨족 중에 알만한 자들은 황족표(皇族表)와 외척표(外戚表)에 대략 갖추어져 있다. 나머지 오원(五院)·육원(六院)·을실부(乙室部)에서는 익고(益古)와 살리본(撒里本)만이 보이고, 날랄부(涅剌部)와 오고부(烏古部)에서는 다만 살리복(撒里卜)과 날륵(涅勒)만이 보이고, 돌려불부(突呂不部)와 돌거부(突擧部)에서는 다만 탑고리(塔古里)와 항알(航斡)만이 보이는데, 모두 형제이다. 해왕부부(奚王府部)의 시슬(時瑟)과 철리(哲里)는 군주와 신하이다. 품부(品部)에서는 나녀(拏女)가 있고, 저특부(楮特部)에서는 와(洼)가 있다. 그 나머지 사람들은 세계(世系)와 이름들이 모두 흩어져서 상고할 수 없다.[3]

---

3 《遼史》卷32 志第2 部族 上
部落曰部, 氏族曰族。契丹故俗, 分地而居, 合族而處。有族而部者, 五院、六院之類是也;有部而族者, 奚王、室韋之類是也;有部而不族者, 特里特勉、稍瓦、曷朮之類是也;有族而不部者, 遙輦九帳、皇族三父房

이 기록을 보면 거란 형성기의 모습을 알 수 있는데, 여기저기 들판에 부락을 이룬 집단도 있고, 부락을 이루지 못하고 같은 핏줄이 중심이 되어 산 집단들도 있었다. 그런 집단들이 하도 많아 일일이 확인할 수 없을 정도였다고 기록되어 있을 정도이다. 하지만 그들은 나름 그들만의 공통적인 특징이 있었기 때문에 후대에 같이 힘을 합쳐 큰 나라를 만들었던 것으로 보인다.

거란부족들은 당시 주변국의 관심을 끌기 충분하였기에 외적의 침략을 받기도 하였다. 가장 큰 세력이었던 8부의 기수가한이4 고구려의 침략을 받아 북위로 투항하여 터를 잡고 세력을 키웠으나, 뒤이어 북제의 침략을 받아 10만이 포로로 되어 잡혀갔다. 그러자 남은 1만가 정도의 사람들이 옛 원수인 고구려에 다시 의지하며 살아갔다. 그 뒤로 다시 세력이 커졌지만 하나로 통일 되지 못하고, 이해득실에 따라 여기저기로 나뉘어졌다. 다시 세력들이 커지면서 10부의 단위로 형성되었고, 요서의 500리 땅을 차지하면서 비로소 거란국의 토대를 닦은 것이다.5 흔히들 말하는, 거란과 고구려의 관계를 말할 때 전해지는 거란의 고구려 계승설이 여기서 시작된 것이 아닌가 한다.

是也。奇首八部爲高麗、蠕蠕所侵, 僅以萬口附于元魏。生聚未幾, 北齊見侵, 掠男女十萬餘口。繼爲突厥所逼, 寄處高麗, 不過萬家。部落離散, 非復古八部矣。別部有臣附突厥者, 內附於隋者, 依紇臣水而居。部落漸衆, 分爲十部, 有地遼西五百餘里。唐世大賀氏仍爲八部, 而松漠、玄州別出, 亦十部也。遙輦氏承萬榮、可突于散敗之餘, 更爲八部; 然遙輦, 迭剌別出, 又十部也。阻午可汗析爲二十部, 契丹始大。至于遼太祖, 析九帳, 三房之族, 更列二十部。聖宗之世, 分置十有六, 增置十有八, 并舊爲五十四部; 內有拔里, 乙室已國舅族, 外有附庸十部, 盛矣! 其氏族可知者, 略具皇族, 外戚二表。餘五院、六院, 乙室部止見益古, 撒里本, 涅剌, 烏古部止見撒里卜, 涅勒, 突呂不, 突擧部止見塔古里, 航斡, 皆兄弟也。奚王府部時瑟, 哲里, 則臣主也。品部有挐女, 楮特部有洼。其餘世系名字, 皆漫無所考矣。

4 기수가한의 8부는 기수가한의 아들 8명에서 유래한 것이다. 실만단부(悉萬丹部), 하대하부(何大何部), 복불욱부(伏弗郁部), 우릉부(羽陵部), 일련부(日連部), 필혈부(匹絜部), 여부(黎部), 토륙우부(吐六于部)이다. 그 8부의 위치는 송막(松漠) 지역인데 지금의 영주(永州) 목엽산에 거란 시조의 사당이 있고, 기수가한과 가돈(可敦), 8명의 아들 상(像)이 여기에 있다. 황하(潢河)의 서쪽과 토하(土河)의 북쪽이 기수가한의 옛 영토이다.

5 수나라 개황(開皇) 4년(584)에 여러 막불하들이 모든 무리를 거느리고 새문(塞門)에 들어와서 복종하여 백랑수의 옛 땅에 거주하였다. 또 별도의 부락을 이루어서 고구려에 의탁하여 살던 출복(出伏) 등이 무리를 거느리고 내부하자, 조서를 내려 '독해나힐(獨奚那頡)의 북쪽에 배치하도록 하라.'고 하였

이런 흐름 속에서 당나라 때 다시 당나라의 지배를 받으며 살았는데, 아마도 이때 거란족들은 당나라로부터 호된 압박을 당했던 것으로 보인다.[6] 이때부터 거란족은 그들의 독자적인 나라를 세우기로 한 것으로 보이는데 당나라가 세운 10주 중에 요련씨가 있었던 것으로 보인다.

요련씨(遙輦氏) 8부(部)

단리개부(旦利皆部), 을실활부(乙室活部), 실활부(實活部), 납미부(納尾部), 빈몰부(頻沒部), 납회계부(納會雞部), 집해부(集解部), 해올부(奚嗢部)이다. 당나라 개원(開元) 연간(713~741)과 천보(天寶) 연간(742~755)에 대하씨가 이미 미약해지자, 요나라 시조 야율날리(耶律涅里)가 적련조리(迪輦祖里)를 조오가한으로 세웠다. 그 당시에 거란은 손만영(孫萬榮)의 패배로 부락이 쇠락하고 흩어져, 옛 부족의 무리를 나누어 8부로 만들었다. 날리가 통솔하는 질랄부(迭剌部)는 별도의 부락으로 그 속에 포함되지 않았다. 요련과 질랄이 아울러 10부가 되었다.[7]

이 조직이 거란 왕국의 시작이다. 즉 역사에 나타난 이래 근 천 년에 이르러 주변 지역과 당당히 겨룰 왕국이 된 것이다. 이런 기록을 볼 때 거란은 매우 험난

다. 또 별도의 부락을 이루어 돌궐에 신하로 복속했던 4천여 호가 투항해오자, 조서를 내려 '식량을 주어 돌려보내도록 하라.'고 하였으나, 굳이 사양하며 돌아가지 않았다. 그래서 부락이 점점 많아져, 마침내 수초를 따라 옮겨 다니며 흘신수에 의지하여 살았다. 그 땅은 요서(遼西) 정북쪽 2백 리 지점에 있고, 넓이는 동서 5백 리에 뻗히고 남북으로 3백 리에 달한다. 10부로 나뉘었으나 그 이름들은 전해지지 않는다.

6 거란은 당나라의 기미정책으로 계속하여 끌려다니고 있었다. 당나라 태종 때 현주(玄州)를 설치하고 거란의 대수(大帥)인 거곡(據曲)을 자사(刺史)로 삼았다. 또 송막도독부(松漠都督府)를 설치하고 굴가(窟哥)를 도독(都督)으로 삼아 8부로 나누며, 현주와 함께 10주로 만들었다.

7 《遼史》卷32 志第2 部族 上
遙輦氏八部:旦利皆部。乙室活部。實活部。納尾部。頻沒部。納會雞部。集解部。奚嗢部。當唐開元、天寶間, 大賀氏既微, 遼始祖涅里立迪輦祖里爲阻午可汗。時契丹因萬榮之敗, 部落凋散, 卽故有族衆分爲八部, 涅里所統迭剌部自爲別部, 不與其列。幷遙輦、迭剌亦十部也。遙輦阻午可汗二十部:耶律七部。審密五部。

한 세월들을 겪으면서 하나의 나라로 성장 하였기 때문에 매우 다양한 문화를 이루며 살았던 민족이다.

그런데 그들이 나라를 세우고 가장 먼저 한 것은 제사의례 정비였다. 가장 중요한 의식 중 하나인 제사의례를 조선의 것을 이어받아 다시 체계화시켰다고 하는 것으로 보아 한민족의 조상격인 고조선과 관계있는 나라라고 할 수 있다.

《요사》 권49 지(志) 제18 〈예지(禮志)〉 1

요나라는 본래 조선(朝鮮)의 예전 영토였으며, 기자(箕子)의 팔조(八條)에 의한 교육으로 그의 유풍(流風)과 유속(遺俗)이 보존되어 있었다. 그 상세(上世)로부터 인정에 따라 제도를 마련했으므로 은연 중에 질박한 풍속을 숭상하는 풍습이 남아 있다. 요련(遙輦)의 호랄가한(胡剌可汗)은 제산의(祭山儀)를 제정하였고, 소가한(蘇可汗)은 슬슬의(瑟瑟儀)를 제정하였고, 조오가한(阻午可汗)은 시책(柴册)과 재생의(再生儀)를 제정하였으니, 그 인정은 질박하고 그 활용은 검소하였다.[8]

연맹 수장 자리에 오른 야율아보기는 상비군을 강화하고 자신의 직할령으로 한성(漢城)을 설치해 군사, 경제적 기반을 다졌다. 한인 망명자와 포로들이 다수 거주하는 한성은 경제적으로 풍요롭고 유목민들에게 귀중한 소금과 철을 다량 생산하였다. 이를 토대로 야율아보기는 여전히 연맹의 전통을 유지하고 권력을 차지하려는 동생 및 친척들과 골육상쟁을 벌여 승리를 거두고 권력을 공고히 했다. 거칠 것이 없어진 아보기는 왕조를 개창하고 스스로 황제를 칭했다. 옥좌에 앉은 그는 정복 전쟁을 개시해 경쟁 민족인 해족을 정벌하는 한편, 막

---

[8] 《遼史》卷49 志第18 禮志
遼本朝鮮故壤, 箕子八條之敎, 流風遺俗, 蓋有存者。自其上世, 緣情制宜, 隱然有尙質之風。遙輦胡剌可汗制祭山儀, 蘇可汗制瑟瑟儀, 阻午可汗制柴册、再生儀。其情朴, 其用儉。

북의 조복(阻卜), 서방의 위구르까지 원정하여 이들 모두를 복속시켰다. 또한 중국으로도 진출하여 하북의 수십 개 주를 점령하였다. 발해의 경우, 원래 요 왕조와 발해와의 관계는 우호적이었지만, 발해 선왕 대를 기점으로 그 관계가 크게 나빠지기 시작했다. 이로 인해 요 태조 야율아보기가 "발해는 대대로 원수였다."라는 말을 대놓고 할 정도였으며 태조는 하북과 몽골로 진출하면서도 발해와는 치열하게 싸웠다. 요 왕조의 발해 공세는 상당한 성과가 있었다. 태조는 대요(對遼) 전선의 핵심인 요양을 함락해 발해의 요동 방어선을 상당 부분 부숴버렸으며 요양에 대대적인 사민(徙民) 사업을 벌여 굳히기에 들어갔다.

[사진 3] 요 중경성의 대명탑
중경은 요 성종에 의해 1007년에 설치되었다. 현재 중국 내몽골자치구 적봉시 영성현이다.
당시 오경 중 하나였으며 정치·경제·문화의 중심지였다.

이로써 거란은 당당한 국가로 성장할 수 있는 토대를 마련하게 되었고 남으로 계속하여 세력을 넓혀 나갔다. 그러다가 황하(黃河)유역에서 5대10국을 통일한 송나라와 남쪽 국경을 맞대 큰 승리를 거두었다. 이에 앞서 후진의 석경당에게 군사 지원을 해주고 그 댓가로 이른바 연운16주라는 큰 땅을 할양받았다. 이 여세를 몰아 서쪽으로도 진출한 거란은 현재 중앙아시아 지역까지 진출하였고 그 지역에 살던 사람들에게 매우 진한 인상을 심어 주었다.

이러한 거란의 정체성은 당연히 주변국과 다른 양상으로 나타난다고 봐야 할 것이다. 즉 거란의 주변국인 고려, 송과도 다른 문화 양상을 보인다. 또한 그들은 그 지역의 토착문화를 정신적인 지주로 삼고 있으므로, 거란 선대의 역사와 문화를 많은 부분 계승했을 것으로 볼 수 있다. 그러므로 거란이 자리하였던 그 자리의 역사와 문화를 연구하는 과정에서는 반드시 거란의 문화를 연구해야 한다.

2. 왜 오한기의 벽화무덤 연구가 필요한가?

내몽골 적봉시 오한기(敖漢旗) 일대에는 고고학이나 인류학을 연구할 수 있는 많은 유적들이 남아 있다. 이런 역사 유적들은 중국의 북방고고학이나 여러 민족들이 포함된 북방민족의 기원을 연구하는 데 중요하다. 세계사적인 부분에서는 건조기후대 문화와 해양문화, 그리고 기후적으로 한대문화(寒帶文化)와 온대문화(溫帶文化)가 만나는 지점의 문화를 연구할 수 있는 중요한 지점이 되기도 한다.

이 지역은 구석기유적은 말할 것도 없고, 신석기문화인 소하서문화·흥륭와문화·조보구문화, 후기 신석기문화인 홍산문화, 소하연문화, 청동기시대문화로는 하가점하층문화, 하가점상층문화 등등이 이어지고 있는 곳이기도 하다. 이렇게 유구한 전통이 이어지는 것은 이른바 초원 유목경제권역 중에서 가장 살기 좋은 곳이었기 때문일 것이다. 그러나 역설적으로 사람들이 살기 어려웠기 때문에 사람들이 살지 않아서 훼손이 되지 않았다는 것도 설명이 된다. 이런 양면성이 있지만 현재 역사를 연구하는 사람들에게 매우 중요한 자산이 있는 곳임은 분명하다.

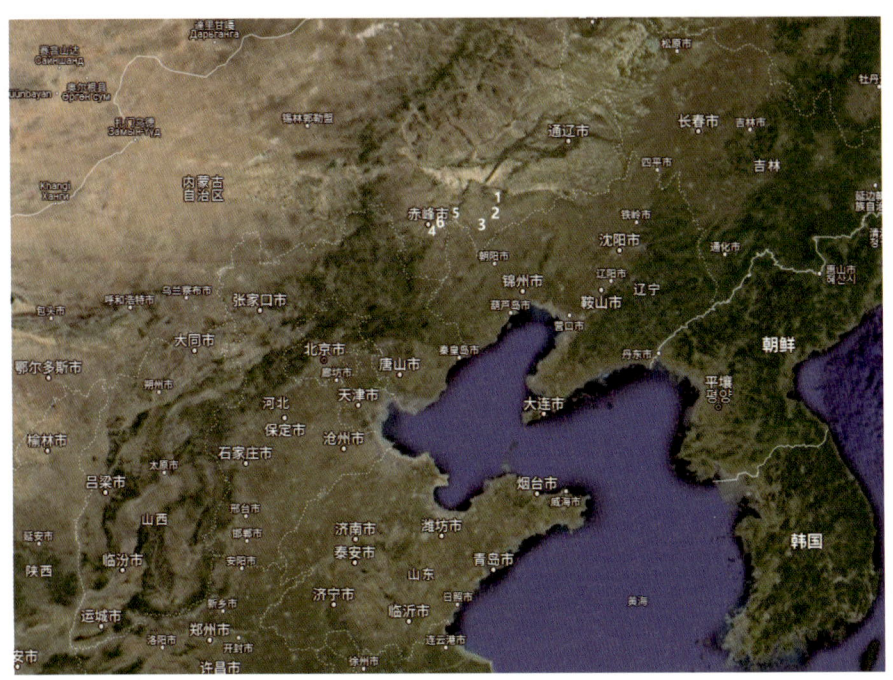

[그림 2-1] 각 문화의 표시도
1.소하서문화 2.흥륭와문화 3.조보구문화 4.홍산문화 5.소하연문화 6.하가점하층문화

　게다가 이곳에는 많은 거란 문화의 흔적들이 남아 있다. 앞에서 언급했듯이 거란은 매우 넓게 분포하고 있었다. 동으로는 지금의 중국 요녕성을 북남으로 흐르는 요하로부터,[9] 서쪽으로는 지금의 중앙아시아를 지나 러시아 땅까지도 다다랐으며, 남으로는 북경을 넘어 황하유역부터, 북으로는 지금의 길림성 중부 지역까지였던 것으로 보인다. 이렇게 넓은 지역에서 발전했음에도 지금은 그 흔

9　이 요하는 요나라 대에 요와 고려의 경계역할을 하였고, 한때 압록강(鴨淥江)으로 불리기도 했다. 여기서 압록은 중국 지방으로 읽으면 '야뤼'이고, 이 발음은 만주어의 '야루'와 비슷하다. 만주어로 '야루'는 '경계'라는 의미이다. 따라서 압록은 중국계 사서 기록처럼 '오리머리처럼 초록색인 강'이라고 해석하는 것보다 '경계 역할을 한 강'으로 보는 것이 더 타당할 것이다(고광진 외 2인, 〈시론 '長白山'과 '鴨淥水'의 위치 검토 -고려이전을 중심으로-〉, 《선도문화》 13, 421-450쪽).

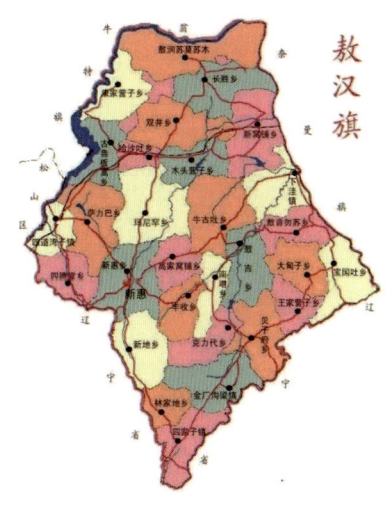

[그림 2-2] 적봉시 지도   [그림 2-3] 오한기 지도

적이 대부분 없어져 버렸다. 거란문화를 연구할 증거가 부족한 상황에서, 그래도 거란 문화의 흔적이 다른 지역에 비해 훨씬 많이 남아 있는 곳이 현재 내몽골 적봉시 오한기 지역을 중심으로 한 적봉 및 요녕성 조양 일대인 것이다. 문화의 다양성이 존재하는 곳에 남아 있는 요나라 벽화무덤은 여러 문화가 배합되어 있는 복합문화의 유산으로 큰 가치가 있다.

오한기 지역은 최근까지 대외적으로 잘 알려지지 않은 지역이었다. 다른 지역의 유적은 외부의 영향을 받거나 혹은 외부의 영향으로 변형이 되었을 가능성이 있지만[10] 이 지역만큼은 변형되지 않은 순수한 거란의 문화가 고스란히 보존되었

---

10 요녕성 조양 시내 북탑은 몇 번에 걸쳐 수리와 다시 덧쌓은 흔적들이 있다. 이런 예를 볼 때 많은 교류가 있었던 지역은 그 시대마다 변화가 있을 수 있다.

을 가능성이 높다. 그러므로 이 지역의 문화를 연구하면 전체 거란의 문화를 조망할 수 있는 한 줄의 실마리가 되지 않을까 한다.

2장
오한기 지역의 벽화무덤

2장 오한기 지역의 벽화무덤

대부분의 요대(遼代) 벽화는 무덤 주인의 생전 생활을 반영하고 있다. 벽화가 있는 무덤의 구조는 마치 하늘과 같아서 무덤에 벽화가 있는 위치와 무덤 구조가 서로 일정한 관계가 있는 것으로 보인다. 벽화를 그리는 방법은 먼저 벽에 백회를 바르고 그 백회 위에 그림을 그리는 방식이다. 또 어떤 무덤 안에는 목곽(木槨)이 있는데 이 목곽 위에도 그림이 있는 것을 확인할 수 있다.

벽화를 보기 전에 먼저 요대 무덤의 공통적인 구성요소를 소개한다. 무덤의 구조는 크게 묘도(墓道), 천정(天井), 용도(甬道), 묘실(墓室), 이실(耳室)로 분류할 수 있다. 요대 무덤은 일반적으로 지표면 아래에 있다. 묘를 향해 지하로 내려가는 비탈진 길이 묘도이다. 묘도의 천장에 지표면을 향해 굴착하여 우물처럼 만드는 경우가 있는데 이것을 천정이라고 한다. 북방지역에서 유행한 양식이며 천정의 많고 적음은 신분의 높낮이와 관련이 있다. 그리고 묘도를 따라 내려가면 문이 하나 있고 문을 지나가면 용도가 나온다. 그리고 용도의 끝에 묘실이 나오는데 묘실은 하나이거나 많은 경우 전실(前室)-중실(中室)-후실(后室) 구조로 되어 있기도 하다. 묘실 사이를 연결하는 길 역시 용도라고 부른다. 용도 혹은 묘실의 좌우에 귀처럼 만들어진 방은 이실이라고 한다. 이실은 없는 경우도 있다. 그러면 이제부터 무덤의 발굴 시점에 따라 무덤의 지리, 위치, 구조, 그리고 요대 벽화의 위치를 간단하게 소개하고자 한다.

1. 백탑자(白塔子) 요대 무덤

　1977년에 발굴되었다. 이 무덤은 오한기 백탑자촌 동남 약 1km의 남산 기슭에 위치한다(그림 3-1). 묘도, 천정, 용도, 묘실의 네 부분으로 이루어져 있다(그림 3-2). 묘도는 길이 6m, 너비 1m이고 밑바닥과 지표 사이의 거리는 3.2m이며 방향은 100도이다. 묘도의 북쪽 끝에는 천정이 있는데 길이는 7.8m, 너비는 1m이다. 양 벽의 높이는 1.9m인데 여기에는 벽돌과 점토 둘 다 사용되었다. 즉, 바닥에서 천장까지 1.17m까지는 벽돌로 만들고 그 위는 점토로 만든 것이다. 천정을 지나면 나오는 묘문(묘도에서 용도로 넘어가는 문) 위에 벽돌을 겹쳐 쌓아 목조가옥의 처마를 모방했고 권문(券門) 위에 백방(柏枋)이 있고 그 위에 두공(斗拱) 셋이 있다. 이는 일정하게 심지(挑抄) 하나에 포(鋪) 4개로 이루어져 있는데 두공 위에는 일정하게 위에 첨방(檐枋)을 받들고 있는 체목(替木)이 있고 방(枋) 위에서 서까래가 나온다. 두공에는 검은색과 붉은색 두 색을 균일하게 발랐고 공안(拱眼) 벽에는 모란꽃을 그렸다(그림 3-3). 용도는 높이 1.45m, 너비 1.14m, 길이 0.9m이고 정면은 커다란 바위 2개로 문을 봉했다. 용도 뒤에 높이 1.6m, 두께 5cm의 나무 문이 있어 문틀과 문턱도 있지만 나무는 이미 썩었다. 용도는 벽돌로 쌓았는데 1.2m 높이에서 권(券, arch)이 시작된다. 용도 바닥은 흙을 다져 만들었다. 묘실 평면은 육각형이고 터널식 권정(券頂)은 벽돌로 쌓았다. 묘실의 동서 너비는 3m이고 남북 길이는 2.8m, 높이는 2.3m이다. 묘실 지붕에는 길이 1.5m, 너비 0.9m, 두께 0.15m인 봉정석(封頂石)이 있다. 목곽은 소나무 각재를 엇갈려 만들어 벽돌벽으로부터 약 10cm 떨어져 있는데 소나무 각재의 횡단면은 6~7cm×14cm이다. 목곽의 육변(六邊)은 길이가 서로 달라 1.35~1.74m 정도이다. 벽돌 8줄을 반듯하게 펴놓은 묘실 바닥은 용도보다 5cm 정도 높다. 묘실 후벽의 바닥 북쪽에 4개의 벽돌더미가 있고 동쪽에는 두 덩이, 서쪽에는 세 덩이가 있다. 목곽은 이미 썩었기 때문에 벽화가 있었는지 모르나 용도 양쪽 벽과 천정 동서 양쪽 벽의 백회면에 벽화가 남아 있다(그림

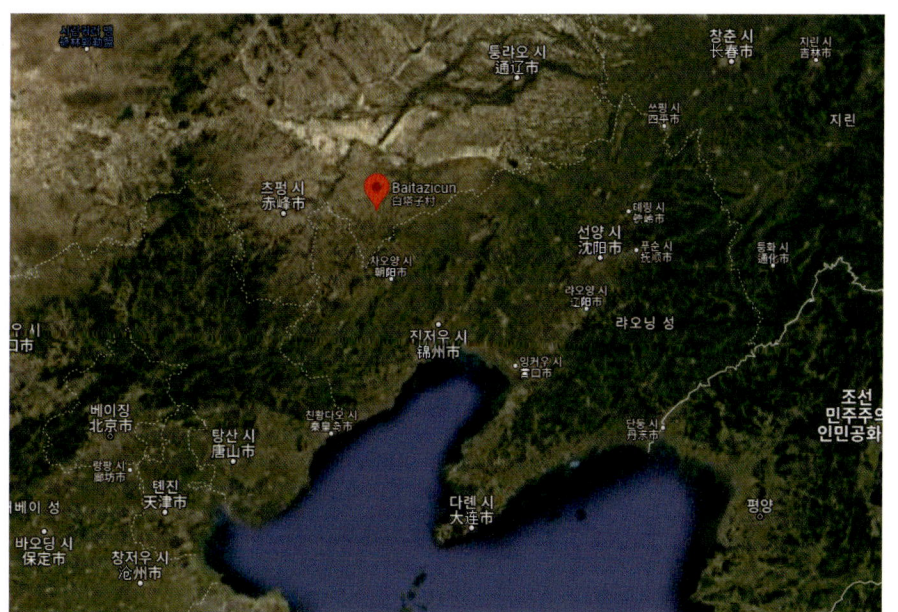

[그림 3-1] 백탑자 무덤 위치

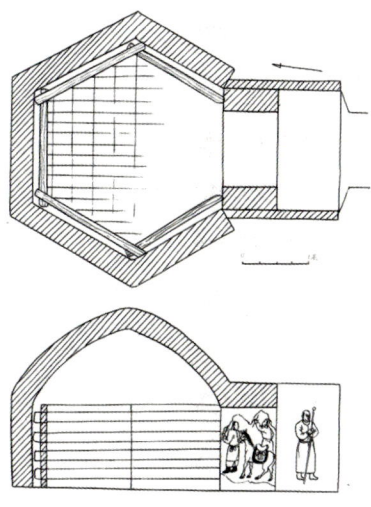

[그림 3-2] 백탑자 요대 무덤 단면도

[그림 3-3] 백탑자 묘문 정면도

2장 오한기 지역의 벽화무덤   49

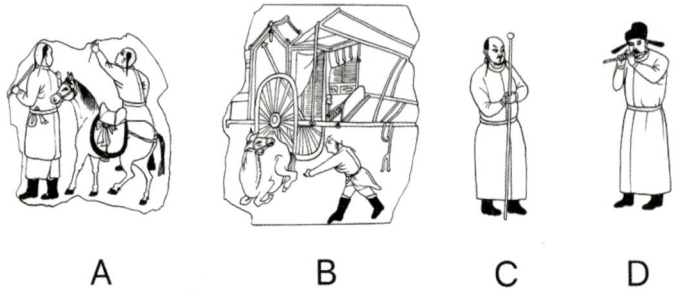

[그림 3-4] 백탑자 벽화 개별도
A. 무덤 주인공이 탈 말: 크기로 보아 과하마로 보인다.
B. 무덤 주인공이 탈 수레로 보인다. 낙타가 있는 것으로 보아 낙타가 끄는 수레로 보인다.
C. 시종으로 보인다.
D. 주인공 행차를 알리는 악대의 일원이다.

3-4). 전체적인 그림으로 보아 적어도 고위관직 이상이며 높게는 황제나 혹은 황제와 가까운 신분의 사람이 어딘가를 가고 있는 모습이다.

2. 북삼가(北三家) 1호 무덤과 3호 무덤

이 무덤들은 1978~1979년에 발굴되었고 오한기 풍수향(豐收鄕) 북삼가촌

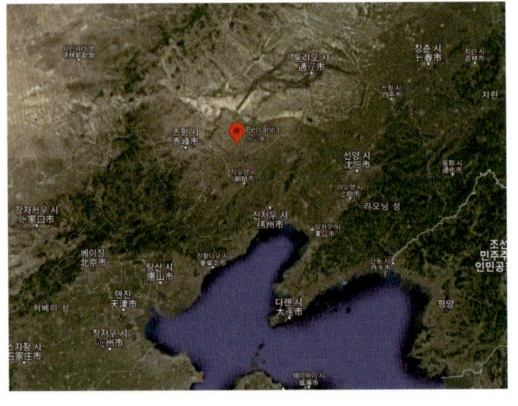

[그림 3-5] 북삼가 1호, 3호 무덤 위치

남쪽에 위치한다(그림 3-5).

(1) 북삼가 1호 무덤

1978년에 발굴되었다. 무덤은 비탈진 묘도, 용도, 천정, 동서 이실(耳室), 묘실의 다섯 부분으로 이루어져 있다(그림 3-6). 묘도는 길이 7m, 앞 너비 1.1m, 뒤 너비 1.18m로 북쪽으로 들어갈수록 조금 넓어지며 묘도의 가장 안쪽은 지표로부터 4.1m 아래에 있다. 무덤의 양쪽 벽은 안에서 밖으로 3m 위치에 백회가 칠해져 있고 다른 곳에는 진흙으로 칠해져 있다. 또 묘도의 방향은 145도로, 묘도 동벽과 용도 동벽이 일직선상에 놓여 묘도가 무덤의 중축선 서쪽으로 치우쳐 있다. 묘문 앞에 천정이 있고 그 길이는 3.18m, 서쪽 너비는 0.84m, 동쪽 너비는 0.83m, 높이는 2.5m이다. 무덤의 동서 양쪽 벽은 밑바닥부터 지붕 북쪽 반까지 벽돌을 쌓았고 남쪽 반은 생토(生土)에 백회를 발랐다. 용도 동서 양쪽에는 각각 벽돌로 쌓은 육각형 이실이 있고 이실의 문은 용도 양 벽 중간에서 북쪽으로 치우쳐 있다. 높이는 1.42m이고 묘실 밑바닥부터 지붕까지 거리는

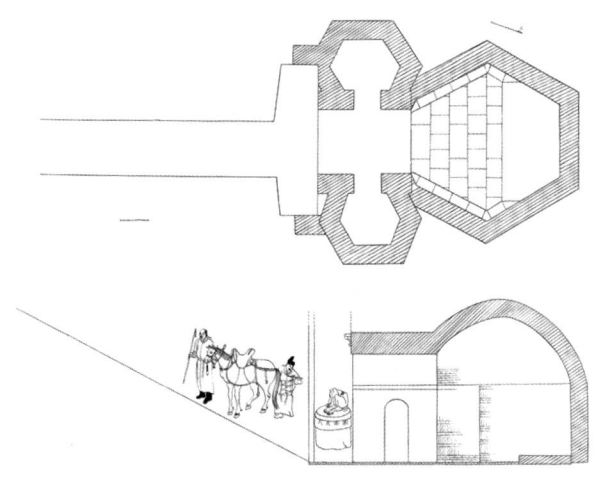

[그림 3-6] 북삼가 1호 무덤 단면도

[그림 3-7] 북삼가 1호 무덤 묘도의 벽화

1.86m이고 여섯 변의 길이는 0.54~0.87m이다. 여섯 벽의 바닥에서부터 1.35m에서 아치가 시작된다. 동이실 문은 서이실 문보다 약간 낮다.

  묘문 정면은 목조가옥의 처마를 모방했으며 횡액(橫額)과 동북 모서리에 일량(一梁)일두(一斗)삼승(三升)의 두공이 아직 남아 있다. 두공 위는 모두 검은 선으로 윤곽을 그리고 주홍색과 백색 등으로 칠해져 있다. 무덤 발굴 때 진흙 속에서 베무늬 기와와 물에 젖은 채 채색된 처마·서까래 등이 발견되었는데 목조가옥의 처마를 모방한 것 위에 있었던 것 같다. 용도는 길이 2.0m, 너비 1.42m, 높이 2.46m로 바닥에는 네모난 벽돌을 깔았다. 양쪽 벽 1.75m에서 아치가 시작되고 용도 앞에는 5cm의 봉문(封門) 흔적이 있다. 묘실은 육각형 벽돌방으로 각 변의 길이는 3m이다. 각 변에는 바닥에서부터 10cm 높이에 벽돌을 평평하게 쌓아 만든, 너비 20cm의 벽돌 선반이 있다. 여섯 벽면 모두 바닥에서부터 1.76m 위치에서 아치가 시작된다. 밑바닥부터 지붕까지는 3.3m이고 지표까지는 4.1m이다. 묘실 정면에 벽돌을 쌓아 관상을 만들었는데 길이 2.6m, 너비 1.26m, 높이 0.15m이다. 무덤 바닥에는 네모난 벽돌을 평평하게 깔았다. 여섯 벽을 쌓은 방법은 두 줄은 평평하게 누이고 한 줄은 가로로 세웠는데 5조(組) 때 아치가 시작되는 곳에 이른다. 벽돌은 두 가지로 나눌 수 있는데 하나는 길이 40cm, 너비 20cm, 두께 5cm의 장방형 벽돌로 한 면에는 구문(勾紋) 6줄이 있다. 다른 하나는 길이 40cm, 두께 5cm의 방형 벽돌이고 한 면에는 구문 10줄이 있다. 지금까지 묘도 양측에 백회가 칠해져 있는 곳, 천정 네 벽, 용도 및 이실 내벽의 벽화가 남아 있는데 보존이 비교적 좋은 것은 천정과 묘도의 벽화이다(그림 3-7).

(2) 북삼가 3호 무덤

1979년에 발굴되었다. 무덤은 묘도, 용도, 묘실의 세 부분으로 이루어졌다(그림 3-8). 비탈진 묘도의 길이는 약 9.4m이고 앞쪽 입구의 너비는 1.15m이고 뒤쪽 바닥의 너비는 1.45m이다. 양쪽 벽에는 백회가 칠해져 있다. 묘도의 방향은 155도이다. 용도의 높이는 1.44m, 너비는 1.07m, 길이는 1.22m이고 양 벽의 1.11m에서 아치가 시작된다. 지붕 부분, 서쪽 부분과 앞부분이 일정하게 파괴되어 있는데 발굴했을 때 채색 벽돌과 서까래 머리가 문 정면의 목조건축의 처마를 모방한 것에 매달려 있었다. 또한 무덤으로 들어가는 문 앞에 안쪽으로 기울어진 장방형 봉문석(封門石)이 있는데 길이 1.70m, 너비 1.17m, 두께 5cm이다.

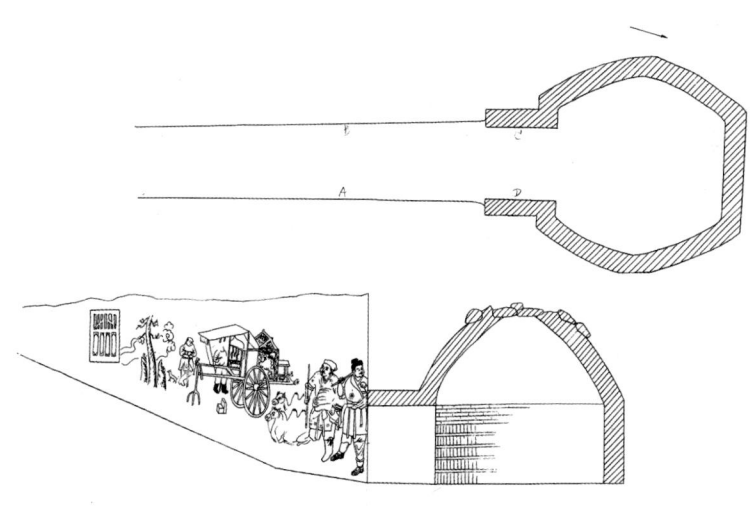

[그림 3-8] 북삼가 3호 무덤 단면도

무덤 안 묘실은 벽돌로 육각형으로 쌓았다. 묘실 바닥은 지표로부터 3.62m 거리이고 지붕까지는 2.6m 정도 떨어져 있다. 묘실의 남북 길이는 2.58m이고 동서 대각 너비는 2.64m이다. 묘실의 정면에 벽돌로 쌓은 관상(棺床)이 있는데 너비 0.98m, 높이 0.2m이고 관상 언저리는 길게 무덤 양 가장자리에 이른다. 관상 정면에 11조(組)의 모란꽃 문양이 있다. 6면의 벽은 바닥으로부터 위쪽으로 1.13m가 수직 벽이고 그 지점부터 아치가 시작된다. 수직 벽은 벽돌을 한 줄은 평평하게 눕히고 한 줄은 가로로 세워 쌓았고 아치가 시작되는 곳부터 위쪽을 향해 벽돌을 겹겹이 세로로 뉘어 궁륭정에 이르고 천정에서 바깥쪽으로 직경 1m로 둥글게 쌓았다. 둥근 궁륭정 외부는 백회를 발라 서로 겹겹이 쌓인 자연석을 덮고 있다. 벽의 벽돌은 누런 진흙으로 메워져 있고 궁륭정 부분은 백회로 메워져 있다. 무덤 바닥은 장방형의 벽돌로 깔려있고 위에 백회가 칠해져 있다. 벽돌은 길이 32cm, 너비 16cm, 두께 5cm이고 한쪽 면에 구문(勾紋)이 있다. 현재 벽화는 용도 양쪽 벽, 묘문 앞 양측과 묘도 양쪽 벽의 백회면 위에 남아 있는데 보존 상태가 양호하다(그림 3-9).

[그림 3-9] 북삼가 3호 무덤 묘도 벽화

3. 라마구(喇嘛溝) 요대 무덤

1991년에 발굴되었다. 이 무덤은 오한기 패자부진(貝子府鎭) 대합파제나촌(大哈巴齊拉村) 서북 약 1km의 산 남쪽 비탈에 위치한다(그림 3-10). 무덤은 묘도, 천정, 용도, 묘실 네 부분으로 이루어져 있다(그림 3-11). 묘실 평면은 팔각형 형태이고 벽돌을 첩첩 쌓아 둥근 궁륭정을 만들고 커다란 바위 2개로 궁륭정을 덮었다. 궁륭정과 직장(直墻)이 만나는 곳에서 둥근 처마가 나오고 있고 외벽 중간 부분에 2층의 대(台)가 나와 있다. 직벽(直壁)은 비교적 왜소하여 높이가 약 1.3m이다. 묘실 정면에는 벽돌로 쌓은 관상이 있다. 묘실 바닥은 지표로부터 7.2m 거리이고 무덤 천정은 4.6m 거리이다. 무덤으로 들어가는 용도의 권정 너비는 0.9m이고 높이는 1.35m이며 길이는 0.86m이다. 권정에 이르는 묘문 정면과 지붕 윗부분에서 안으로 굽은 장방형의 테두리가 나오고 있고 위쪽에서 2개의 문잠(門簪)이 나오고 천정 가까운 곳에 3개의 범문(梵文)이 쓰여 있다. 발굴했을 때 묘문 위에 나무판 썩은 흔적이 남아 있었는데 모두 횡판(橫版)으로 두께가 약 4cm이고 곧바로 지표로 이어진다. 이는 묘실을 쌓은 후 흙으로 채워 다지고 나서, 흙을 가리는 용도로 이 나무판을 써서 묘도를 남겨 두었다가 매장한 후에 다시 묘도를 메운 것으로 보인다. 양측에 각각 전타(磚垛)를 쌓았는데 앞의 것이 묘도로 묘실에서 155도 방향이다. 용도 내벽과 문밖의 벽돌벽은 일정하게 회백면으로 칠해져 있고 중간에는 진흙을 바르지 않았으며 백회면 위에 그림을 그리고 글자를 썼다. 묘실 주위 벽에서 범문과 불경 등을 새기고 남은 부분에 벽화가 그려져 있다(그림 3-12).

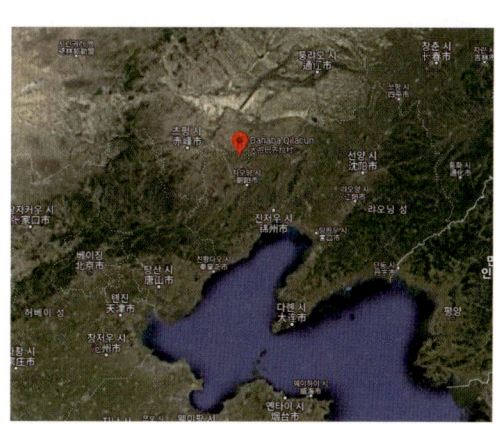

[그림 3-10] 라마구 무덤 위치

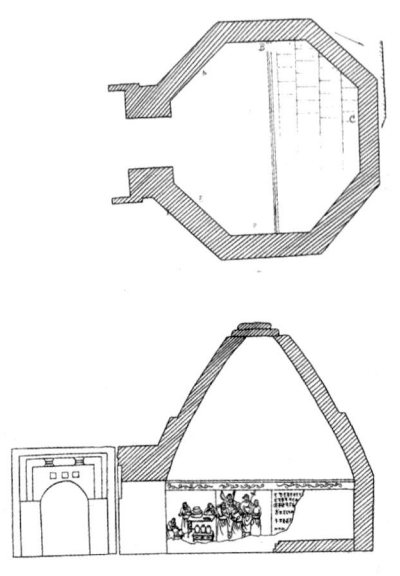

[그림 3-11] 라마구 요대 무덤 단면도

[그림 3-12] 라마구 요대 무덤 묘실 벽화

이 무덤 벽화의 가장 큰 특징은 몽골족들이 등장한다는 점이다. 위의 [그림 3-12]에서 윗 줄의 가운데 그림이다. 평상시의 몽골족이라면 들판에서 사냥하거나 게르에 있는 모습일 텐데, 그것이 아니고 무기를 들고 서 있는 것으로 보아 사절단으로 왔던 모습을 그려 놓은 것이 아닌가 한다. 그리고 문자가 쓰여 있는데 이 문자는 몽골어를 연구하는 데 매우 중요한 자료가 될 것으로 본다.

4. 양산(羊山) 1, 2, 3호 무덤

　1995년에 발굴되었다. 양산 무덤은 오한기 사가자진(四家子鎭) 염장자촌(閻杖子村) 북 약 1km 양산 남측의 의자 다리 모양 산골짜기에 위치한다(그림 3-13).

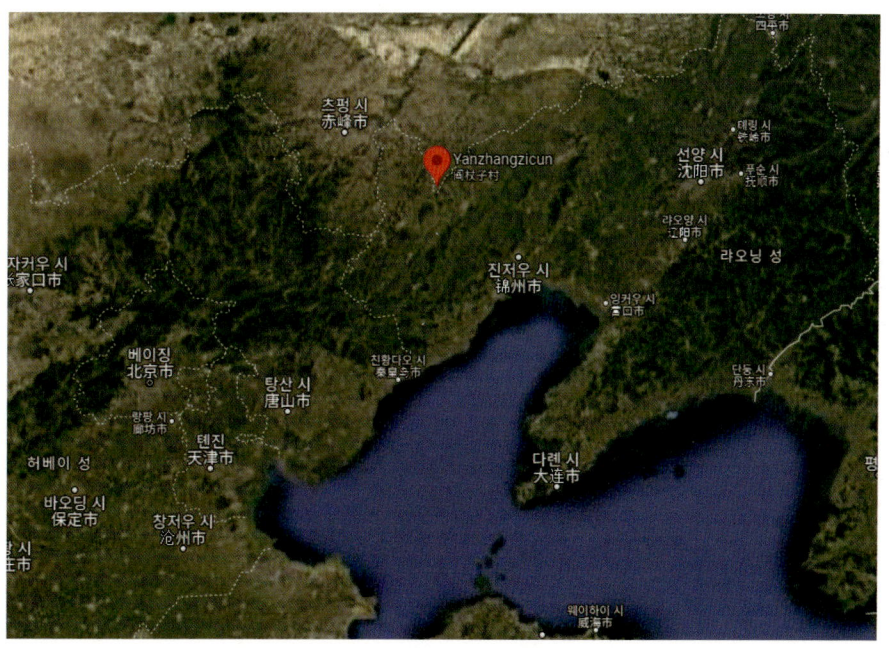

[그림 3-13] 양산 1, 2, 3호 무덤 위치

(1) 양산 1호 무덤

이 무덤은 묘도, 천정, 용도, 묘실, 도문(道門)의 다섯 부분으로 이루어져 있다 (그림 3-14). 묘도는 길이 6.6m, 너비 1.2m, 방향은 200도이다. 묘도의 가장 안쪽이자 묘문 앞에 천정이 있는데 천정 평면은 사다리꼴이고 동벽과 서벽 및 남벽에는 파낸 생토 벽면에다 다시 진흙과 백회면을 바른 것이 일정하게 있다. 북벽의 길이는 2.9m이고 남벽의 길이는 2.6m이며 남북 너비는 1.5m이다. 무덤으로 들어가는 용도의 높이는 1.54m이고 너비는 0.94m이며 길이는 0.9m이다. 문 형상 상부는 지표로부터 4.5m 떨어져 있다. 가운데에 벽돌을 쌓아 반부조로 가문(門影作)의 테두리를 만들고 그 안쪽 가장자리에 붉은색 칠을 했으며 문돈(門墩)과 문지방은 전부 붉게 칠했다. 문잠 바깥 테두리에 검게 틀을 그리고 그 안은 푸른색으로 칠했다. 안쪽 틀은 붉게 칠하고 안쪽에 흰 테두리를 남겨두었으며 바깥 틀의 바깥에 권운문(券雲紋)이 있는 테두리를 그렸다. 가문(假門)은 붉게 칠하고 4줄의 큰 못을 그렸다. 서쪽에 가까운 안쪽 상부에 벽돌로 격자 가창(假窓)을 반부조로 쌓아 일정하게 색을 칠했다. 격자창은 붉게, 바깥 틀의 바깥 테두리는 검게, 안쪽 테두리는 붉게 칠하고 안쪽 틀의 안쪽은 흰 테두리를 남겨두었으며 바깥은 붉게 칠했다. 가문 상부의 두공은 이미 많이 파손되어 일부만 남았는데 삼량일두삼승의 목조구조를 모방한 두공이라 할 수 있다. 문밖의 양쪽 벽에 테두리를 쌓아 붉게 칠했는데 틀 양쪽의 상부에는 각각 검은 테두리의 붉은 틀의 수직 격자 가창을 그렸다. 묘실은 벽돌로 만들어진 원형 궁륭정이고 둥근 지붕은 대부분 파손되어 단지 3~4층 정도의 벽돌만 남아 있고 직벽은 바닥에서부터 천정까지 안으로 기울어져 있다. 묘실의 동서 길이는 3.44m이고 남북 길이는 3.3m이며 남은 높이(천정 부분 포함)는 약 1.7m이고 벽의 두께는 0.36m이다. 묘실 바닥에는 장방형의 벽돌을 한 겹 깔았다. 묘실 앞에 벽돌을 쌓아 용도 권정과 가문(假門; 門影)을 만들었다.

현재 벽화는 묘도 양쪽 벽, 천정 동서 양쪽 벽, 남벽 동서 양쪽, 용도 양 벽과 묘실의 내벽에 있는 것으로 확인된다. 일정하게 벽 위에 먼저 진흙을 바르고 다시 백회면을 바른 것이 있고 다시 백회면에 그림을 그린 것이 있다. 하지만 발굴했을 때 천정에서 떨어진 화초 그림의 백탄 파편이 발견된 것으로 보아 당시에는 천정에도 벽화가 있었다고 설명할 수 있다. 아쉽게도 천정이 함몰됨에 따라 훼절되었고 단지 가장자리 부분에 있던 화초 도안만 남았다(그림 3-15). 이 무덤에는 어떤 큰 행사를 치르는 과정에서 악대들이 음악을 연주하는 그림이 그려져 있다. 악대들의 옷과 관모가 모두 같은 계통인 것으로 보아 국가에서 운영하는 악대로 보인다. 그림에 한국의 장고도 연주되고 있는 것을 보면 그 당시 고려와 문물이 교류가 있었거나 장고는 두 나라가 공유하는 선대의 악기가 아닌가 한다.

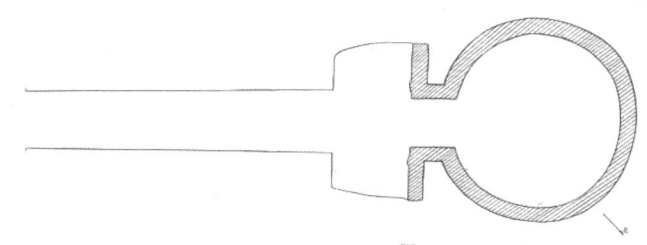

[그림 3-14] 양산 1호 무덤 단면도

[그림 3-15] 양산 1호 무덤 벽화

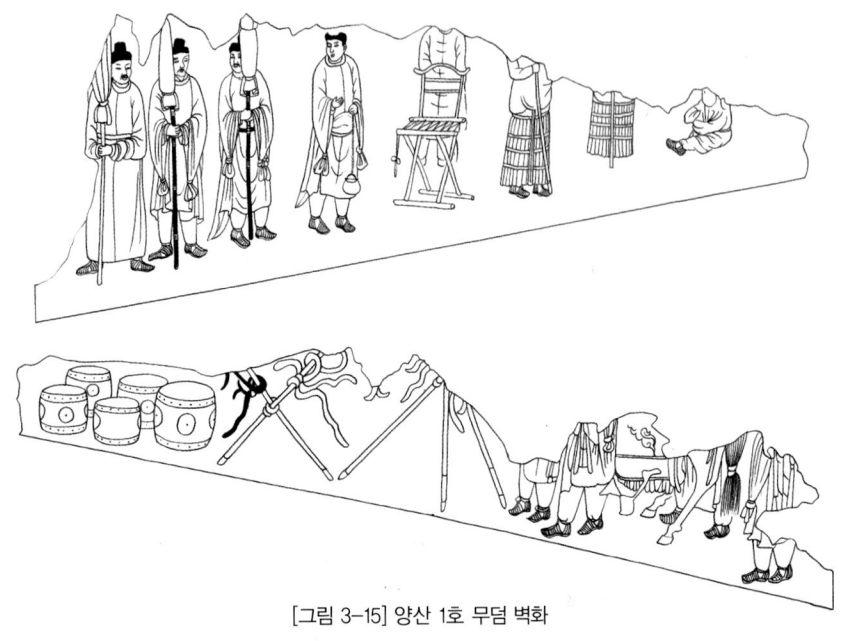

[그림 3-15] 양산 1호 무덤 벽화

(2) 양산 2호 무덤

이 무덤은 묘실, 용도, 묘문, 천정과 묘도의 다섯 부분으로 이루어져 있다(그림 3-16). 묘실은 벽돌로 쌓는 팔각형 궁륭정으로 묘실의 천정은 대부분 파손되었다. 묘실 안에 목곽이 있는데 이것은 나무판을 서로 연결하여 만든 것이다. 모든 나무판은 너비 18~20cm, 두께 약 10cm이다. 발굴시 목곽은 단지 직벽 부분만 남아 있었다. 묘실의 8개 벽 길이는 서로 각각 다른데 북벽의 길이는 2m, 동서 양쪽 벽의 길이는 1.8m, 다른 벽의 길이는 1.5~1.7m이다. 동서와 남북 대변의 너비는 4m이고 직벽의 높이는 1.2m이다. 그리고 바닥은 지표로부터 약 4m 정도 떨어져 있다. 바닥에는 네모난 벽돌을 한 겹 깔았다. 묘실 앞에는 벽돌로 쌓은 권정(券頂) 용도가 있는데 이것의 너비는 0.94m, 높이는 1.04m, 길이는 0.75m이다. 또 묘문 양쪽에는 반부조로 수직 격자 가창(假窓)을 쌓았다. 문의 위쪽에는 2개의 꽃잎 모양 문잠이 돌출해 있고 그 위쪽에는 삼량 목

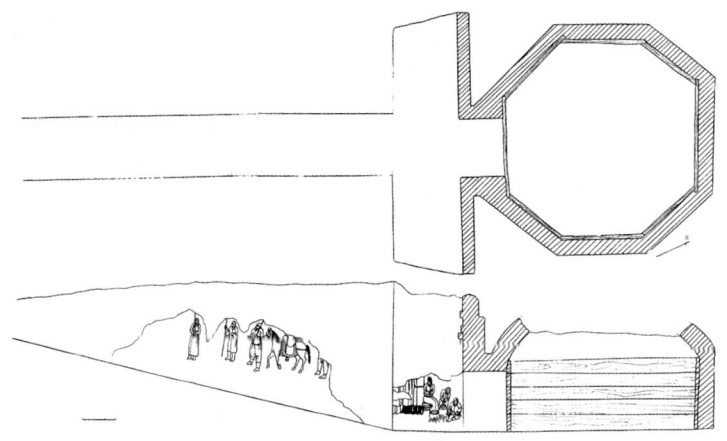

[그림 3-16] 양산 2호 무덤 단면도

[그림 3-17] 양산 2호 무덤 벽화

조구조를 모방한 일두삼승의 두공이 있다. 이중 들보 2개의 보전 상태가 양호하고 두공 사이와 두공 위는 일정하게 붉은색과 녹색 두 색으로 칠했으며 두공 위쪽은 훼손되었다. 문 앞이 천정인데 평면은 사다리꼴이고 남벽의 길이가 4m, 북벽의 길이가 4.5m, 너비가 1.25m이다. 그리고 이 천정 앞이 비탈진 묘도인데 길이가 9.75m이고 너비는 1.04m이며 방향은 208도이다. 현재 벽화는 묘문 외벽 양쪽, 천정 네 벽, 묘도 양쪽에 남아 있다(그림 3-17). 특히 그중에서도 묘도 동쪽 벽에 남아 있는 세 겹의 벽화를 볼 수 있는데 이는 세 번에 걸쳐 그린 것이다. 낙타가 있는 그림의 위치는 세 차례에 걸친 작업 중 일정하게 같은 위치에 낙타를 그렸다. 단지 위아래에 위치 변동이 있다. 천정과 묘도 바닥 부분에 재숯이 쌓여 있고 주위와 땅에 닿는 곳이 검게 그을려 있는 것으로 보아 마지막 작업은 겨울에 이루어졌을 것이다. 이는 그림을 구울 때 따뜻하게 하려 숯을 태우는 바람에 생긴 것으로 밥을 짓느라고 그런 것이 절대 아니다. 화면을 다 말리지 못한 채 무덤을 덮었다가 이듬해 봄에 녹으면 묘지 침하와 바깥으로 밀치락달치락 하면서 화면이 고르지 않거나 뒤틀리는 현상이 나타난다. 결과적으로 화면이 흐릿하고 울퉁불퉁해졌다. 이를 자세히 살펴보면 1차의 그림 실력은 아주 좋고 2차가 최고로 좋으며 3차의 수준은 보통이다. 1차와 2차 그림은 일부분만 겨우 보존되어 묘도 동벽 근처의 천정에 있는 낙타 수레 정도이다. 매번 그릴 때마다 백회면을 두텁게 발랐는데 3차 때는 얇게 발랐을 뿐만 아니라 하얀 정도도 똑같게 하지 못했다. 1, 2차 회면(灰面)은 밝고 깨끗한데 3차는 모호하다. 이 현상은 이렇게 설명할 수 있을 것이다. 즉, 3차 작업은 오랜 시간 후에 이루어져, 내용은 비슷해도 화풍(畫風)의 차이가 커서 한 화가의 손으로 그려진 것이 아니기 때문일 것이다.

(3) 양산 3호 무덤

이 무덤은 묘실, 용도, 천정, 묘도로 구성되었다(그림 3-18). 묘실에 방형 벽돌을 쌓아 뾰족한 지붕(尖頂)을 하고 있는데 천정은 이미 훼손되었다. 묘실 내 변의 길이는 3.05~3.24m이고 직벽의 높이는 1.3m이다. 묘실 바닥에는 벽돌을 한 겹 깔았다. 묘실 앞은 용도와 가문(門影作)이다. 권정과 가문은 이미 파손되어 일부분만 남았다. 용도의 높이는 1.2m이고 너비는 0.88m이며 길이는 0.74m이다. 묘문 위에는 목조구조를 모방한 두공이 있어 아래에서 위로 제1층에는 횡

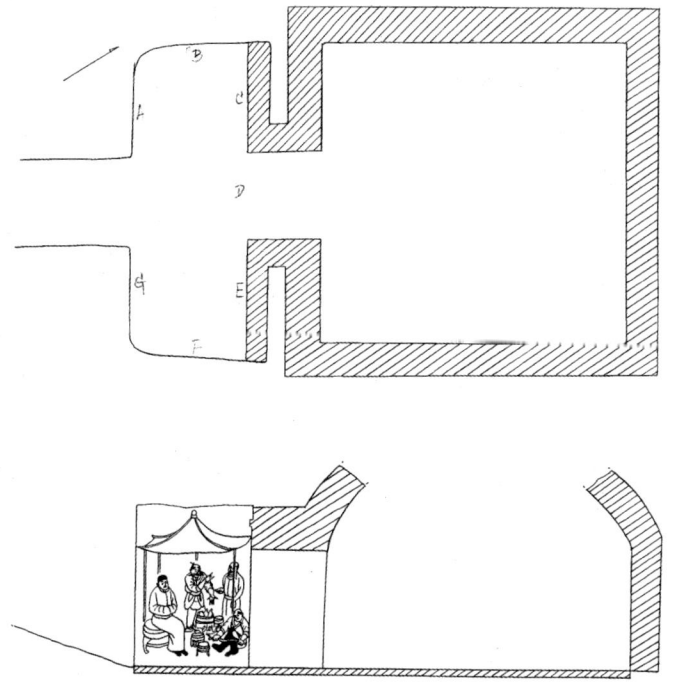

[그림 3-18] 양산 3호 무덤 단면도

[그림 3-19] 양산 3호 무덤 벽화

액(橫額) 한 줄이 돌출해 있다. 액(額) 위가 두공이고 다시 위에 소두공이 일렬로 처마에 닿아 있다. 처마 위로 둥근 서까래가 있고 서까래 위에서 처마가 이어지며 처마 위에 방형 서까래가 돌출해 다시 그 위의 처마를 받치고 있고 서까래

2장 오한기 지역의 벽화무덤   63

와 두공은 일정하게 붉은색으로 칠했다. 천정 평면은 사다리꼴이고 북벽의 길이는 3.20cm이며 남벽의 길이는 3m이고 남북의 너비는 1.2m이다. 천장의 동벽, 서벽, 남벽에는 모두 생토 벽을 긁어내고 진흙과 백회를 발랐다. 무덤으로 들어가는 묘도의 길이는 9.6m이고 너비는 0.85m이며 방향은 211도이다. 묘실을 발굴했을 때 네 벽 아래에서 인물과 화초의 벽화 파편이 발견되었는데 이는 벽에서 떨어진 벽화로 확인되었다. 그리고 무덤 바닥에서 비교적 가까운 토층에도 떨어져 있는데 원래 네 벽의 벽화에서 담장 위로 떨어진 것이다. 묘도 벽화의 탈락 정도가 심하다. 가장 잘 보존된 것은 천정 네 벽에 있는 벽화이다(그림 3-19).

5. 산저(山咀) 요대 벽화

2002년 발굴되었다. 이 무덤은 오한기 고로판호진(古魯板蒿鎭) 산저촌(山咀村) 북 약 1km의 이홍산(二紅山) 동쪽 비탈에 위치한다(그림 3-20). 무덤은 묘실, 용도, 묘도의 세 부분으로 구성되어 있다(그림 3-21). 묘실은 벽돌로 쌓은 육각형 권정 무덤이다. 그 내부를 자세히 살펴보면 묘실의 6개 벽 길이가 다른 것을 알 수 있는데 남벽의 길이는 1.7m, 북벽의 길이는 1.16m, 동북 벽과 서북 벽의 길이는 1.08m, 동남 벽과 서남 벽의 길이는 1.04m이다. 직벽의 높이는 1.16m이고 묘실의 밑바닥은 지붕으로부터 2.22m이다. 바닥에는 네모난 벽돌을 평평하게 한 겹 깔았다. 북벽의 동서 양쪽 모서리에 각각 반쯤 벽돌을 새긴 기둥이 있는데 붉게 칠했다. 무덤 안에 있는 용도는 벽돌로 쌓은 권정이고 그 너비는 0.7m, 높이는 1.3m, 길이는 0.34m이다. 그리고 용도 앞에는 비탈진 묘도가 있는데 아직 발굴하지 않았다. 묘장(墓葬) 방향은 북향 동(東) 25도이다. 무덤 내 현존 벽화는 묘실의 벽에 있는데 용도와 묘도 안에는 없는 것으로 확인된다(그림 3-22).

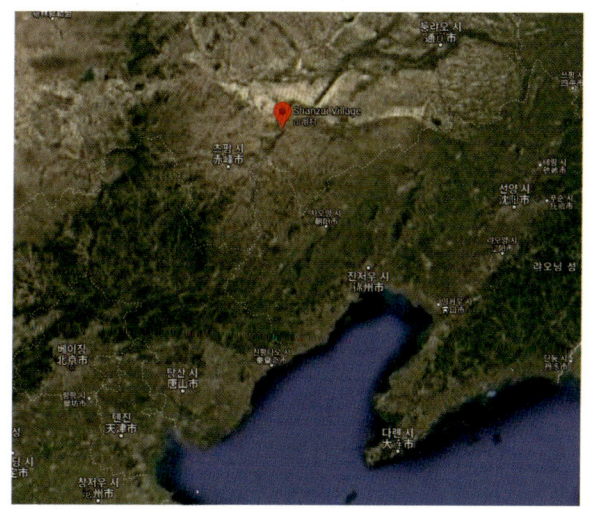

[그림 3-20] 산저 무덤 위치

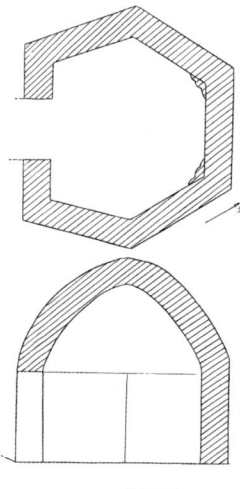

[그림 3-21] 산저 무덤 단면도

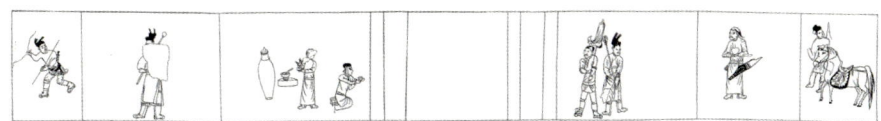

[그림 3-22] 산저 무덤 벽화

6. 육간방(六間房) 무덤

    2018년에 발굴되었다. 이 무덤은 오한기 하와진(下洼鎭) 광흥태촌(廣興太村) 육간방촌 동남 약 200m의 작은 산 서쪽 비탈에 위치한다(그림 3-23). 무덤은 묘도, 용도, 묘실의 세 부분으로 구성되었다(그림 3-24). 무덤 내 묘실은 벽돌로 쌓은 원형의 궁륭정이다. 묘실 내부를 살펴보면, 묘실의 벽은 안쪽으로 기울어져 있고 직벽과 용도 터널의 교차점 상부에 처마가 있다. 묘실의 동서 지름은 1.98m, 남북 지름은 2.01m, 높이는 2.07m이다. 무덤 바닥은 다져 놓았는데 관상이 없고 인골은 묘실 북쪽에 흩어져 있다. 또한 무덤 안의 용도는 벽돌로 쌓은 권정으로 그 높이가 1.03m, 너비가 0.69m, 길이가 1.03m이다. 용도 앞은 비탈진 묘도로 아직 발굴하지 않았고 무덤 방향은 북향 동(東) 24도이다. 현존 벽화는 묘실의 담장 면에 있는데 벽 중에서도 서벽에 있는 벽화는 이미 전부 떨어져 나간 것으로 확인된다. 둥근 천정에는 한 겹의 아주 얇은 백회가 칠해져 있는데 이곳에는 벽화가 없었다.

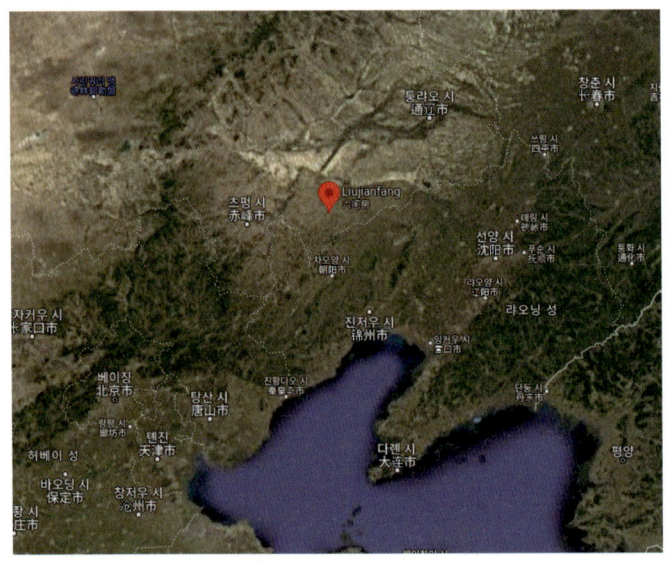

[그림 3-23] 육간방 무덤 위치

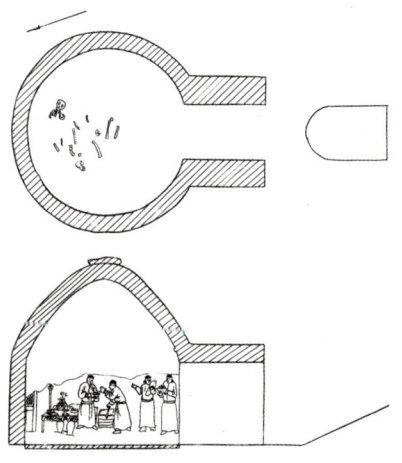
[그림 3-24] 육간방 무덤 벽화

7. 한가와포(韓家窩鋪) 제1지점 1호 무덤과 제2지점 2호 무덤 및 6호 무덤

2002년에 발굴되었다. 제1지점 1호 무덤은 오한기 신혜진(新惠鎭) 한가와포촌(韓家窩鋪村) 북 약 2km의 산비탈에 있고 제2지점 2호 무덤과 6호 무덤은 한가와포촌 동북 약 1.5km의 산비탈에 위치한다(그림 3-25).

(1) 한가와포 제1지점 1호 무덤

이 무덤은 묘도, 용도, 묘실 세 부분으로 구성되었다(그림 3-26). 묘실은 벽돌로 쌓은 방형의 궁륭정이고 천정은 이미 파손되었다. 묘실 서북 벽과 동남 벽의 길이는 1.6m이고 동북 벽과 서남 벽의 길이는 1.44m이며 현재 남아 있는 벽의 높이는 0.74~0.86m이다. 묘 바닥에는 평평하게 방전 한 겹을 깔았다.

묘실 앞 가운데에는 벽돌로 쌓는 권정 용도가 있는데 그 위쪽은 이미 파손되었다. 용도의 너비는 0.6m이고 현재 남아 있는 높이는 0.84m이며 길이는

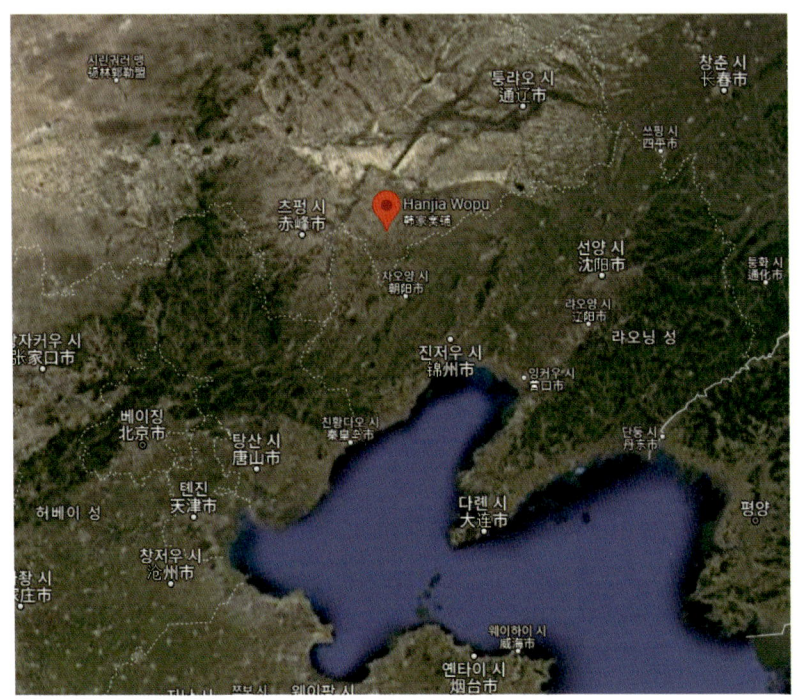

[그림 3-25] 한가와포 무덤 위치

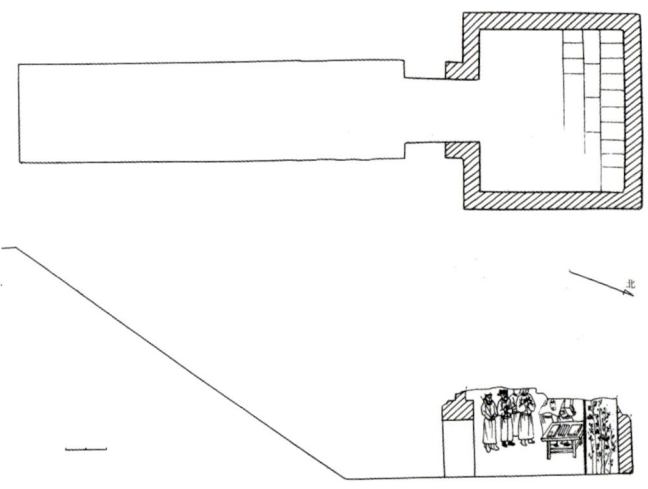

[그림 3-26] 한가와포 제1지점 1호 무덤 단면도

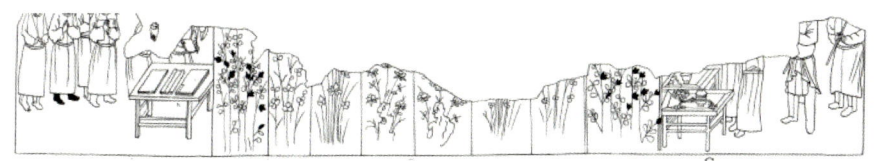

[그림 3-27] 한가와포 제1지점 1호 무덤 벽화

0.34m이다. 그 외부에는 별도로 길이 0.43m의 흙 용도가 있다. 이 용도 앞에 비탈진 묘도가 있는데 길이는 3.88m이고 너비는 0.96m이며 방향은 338도이다. 현존 벽화는 묘실 내벽에 있는데 이미 도굴이 심하여 묘실 상반부 및 묘도 대부분이 파손되고 묘실 벽화가 훼손되었다. 그 외에 다른 곳의 벽화 잔존 여부는 확인되지 않는다(그림 3-27).

(2) 한가와포 제2지점 2호 무덤

이 무덤은 묘실, 용도, 묘문, 천정, 묘도 다섯 부분으로 구성되었다(그림 3-28). 무덤 내 묘실은 벽돌로 쌓은 육각형 궁륭정이고 천정에 직경 90cm의 도굴 구멍이 있다. 묘실 내 주위 벽에 목곽이 놓여 있다. 긴 목판을 상호 접해서 만들었기 때문에 각 각재는 일정하게 판자를 막은 홈이 남아 있다. 목판의 너비는 18~20cm이고 두께는 5~7cm이다. 목곽은 단지 직벽 부분에만 있다. 묘실 내부를 자세히 살펴보면 묘실의 6개 벽 길이가 서로 다른데 먼저 남벽과 북벽의 길이는 1.54m, 서북 벽과 동북 벽의 길이는 1.3m, 동서 대각의 길이는 2.36m, 직벽의 높이는 0.94m이고 바닥은 천정에서부터 2.20m이다. 바닥에는 평평하게 방전을 한 겹 깔고 묘실 북벽 아래에 벽돌을 쌓아 하나의 관상(棺床)을 만들었는데 길이는 1.38m이고 너비는 0.8m이며 높이는 20cm이다. 묘실 앞에 벽돌로 쌓은 권정 용도가 있는데 그것의 너비는 1.84m이고 높이는 1.76m이며 길이는 1.02m이다. 묘문 상방에 튀어나온 두공이 있는데 삼량(三梁) 목재구조를 모방

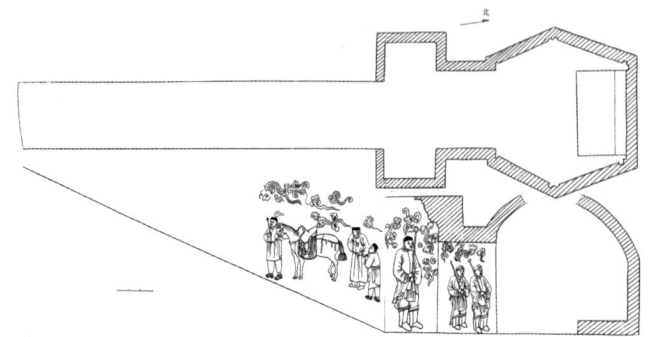

[그림 3-28] 한가와포 제2지점 2호 무덤 단면도

[그림 3-29] 한가와포 제2지점 2호 무덤 묘문

[그림 3-30] 한가와포 제2지점 2호 무덤 벽화

한 일두(一斗)양승(兩升)의 두공이다. 높이 0.36m, 너비 0.58m, 간격 34~40cm 이다. 두공 하단의 승(升) 주위는 검게 칠하고 승 사이에 산국화가 그려져 있는데 삼량의 단락마다 그려져 있다. 그 위는 비교적 넓은 한 줄의 횡대(橫帶)인데 위아래는 검게 칠하고 중간은 붉게 칠했다. 두공 상단에 한 층의 벽돌이 있고 그 위는 둥근 서까래인데 10개이고 각각의 서까래 머리는 일정하게 붉은 칠을 했다. 문 입구와 두공 사이는 3줄로 칠해져 있는데 위아래는 붉은 선이고 가운데는 검은 선이다. 묘문 가장자리는 붉은색과 푸른색으로 4줄의 선을 그렸고 그린 선의 가장자리는 검은 선으로 둘렀다. 문 입구 양쪽에는 각각 5덩이의 여의상운(如意祥雲)을 그렸는데 가장자리는 검게 그리고 안쪽은 붉은색과 푸른색으로 그렸다. 여백에는 원형 음양 문양으로 메워져 있다(그림 3-29). 묘문 앞은 천정인데 평면은 장방형이고 남북벽 길이는 2.22m, 동서 너비는 0.88m이다. 천장 앞에는 비탈진 묘도가 있는데 길이 6.08m, 너비 1.08m이다. 묘장(墓葬) 방향은 북향 동(東) 2도이다. 무덤 내 벽화는 묘도, 천정, 용도 안에 있는데 보존이 양호하고 묘실에는 없는 것으로 확인된다(그림 3-30).

(3) 한가와포 제2지점 6호 무덤

이 무덤은 묘실, 용도, 묘문, 묘도 네 부분으로 구성되었다(그림 3-31). 무덤 내 묘실을 벽돌로 쌓은 육각형의 궁륭정이다. 그 내부를 구체적으로 보면 묘실의 6개 벽 길이가 다른 것을 알 수 있다. 묘실 북벽의 길이는 1.48m이며 서북 벽과 동북 벽의 길이는 1.48m로 같고 서남 벽과 동남 벽의 길이는 1.1m, 남벽의 길이는 1.32m, 동서 대각의 길이는 2.52m, 직벽의 높이는 1.32m, 바닥은 지붕으로부터 2.38m이다. 묘실 바닥은 방전으로 한 겹 깔았다. 묘실 앞에는 벽돌로 쌓는 권정 용도가 있는데 용도는 너비 0.92m, 높이 1.5m, 길이 1.24m이다. 또한 묘문 앞이 묘도인데 묘도의 길이는 6.06m, 너비는 0.92m이다. 묘장(墓葬) 방향은 북향으로 동(東) 5도이다. 현존 벽화는 묘도 양쪽 벽과 용도 안에 그려

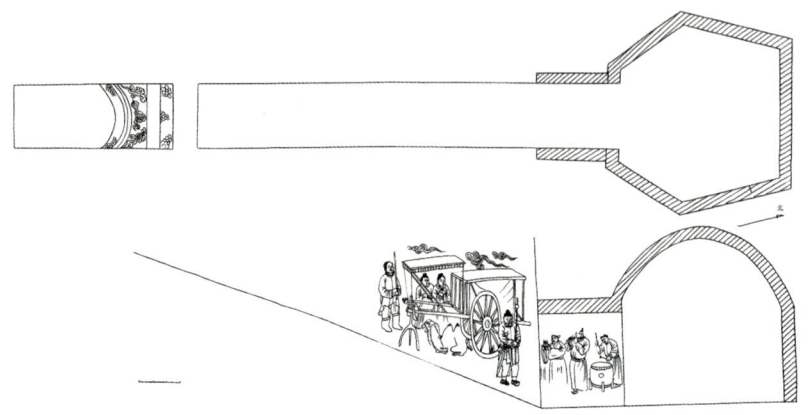

[그림 3-31] 한가와포 제2지점 6호 무덤 단면도

[그림 3-32] 한가와포 제2지점 6호 무덤 벽화

져 있지만 부분적으로 떨어져 나갔고 묘실 안에는 벽화가 없는 것으로 확인된다(그림 3-32).

8. 피장구(皮匠溝) 1호 무덤

1990년에 발굴되었다. 무덤은 오한기 흥륭와진(興隆溝鎭) 풍산촌(豊山村) 피장구(皮匠溝) 서북부 약 500m의 대왕산(岱王山) 동남의 언덕에 위치한다(그림 3-33). 묘도, 용도, 묘실의 세 부분으로 이루어져 있다(그림 3-34). 비탈진 묘도는 길이 1.1m, 너비 1.42m이고 용도 문은 깊이 2.8m에 위치한다. 묘도의 경사도는 38도이고 방향은 165도이다. 용도는 벽돌을 쌓아 만들었고 0.65m 높이에서 권(券)이 시작되어 아치(arch) 모양을 이루는데 길이 0.66m, 너비 0.92m, 높이 0.95m이다. 용도 바닥에는 벽돌을 평평하게 깔았고 가운데는 벽돌로 너비

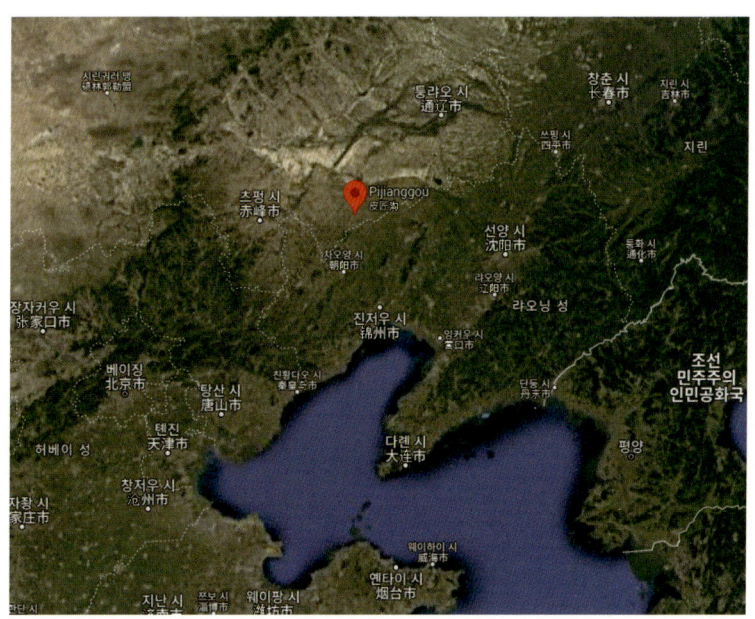

[그림 3-33] 피장구 1호 무덤 위치

27cm, 높이 10cm로 쌓는 문턱이 있다. 주위에 적흑색의 벽돌 조각이 많이 보이는데 이는 원래 용도 위에 있던 목조가옥을 모방한 두공의 부재에 속한다. 한편 묘실 평면은 육각형 형태인데 대변 너비는 2.9m이다. 무덤방 바닥은 장방형의 푸른 벽돌을 평평하게 깔았다. 북쪽에 관상이 있는데 바닥보다 약 5cm 높다. 무덤의 벽 높이는 0.9m이고 0.55m 지점에 나무 난액(闌額)을 모방한 섬돌(砌)이 있다. 난액은 밖으로 2cm 돌출해 있고 너비가 5cm인데 백회를 발라 붉은색을 칠했다. 난액의 6개 모서리에는 각각 목조의 일두(一斗)삼승(三升) 두공을 모방해서 벽돌로 쌓은 들보가 하나씩 있고 그 아래에는 각각 네모난 기둥이 있다. 두공은 채색되어 있는데 탈락이 심하다. 두공의 위에서 아치가 시작되고 권정(券頂)의 높이는 2.1m이다. 무덤 천정은 지표로부터 2.1m 정도 떨어져 있다. 묘실 안의 벽에 원래 벽화가 그려져 있는데 거의 다 벗겨져서 내용을 정확하게 알 수 없다. 현재 벽화는 무덤 벽 위쪽의 둥근 지붕 아래에만 남아 있다(그림 3-35).

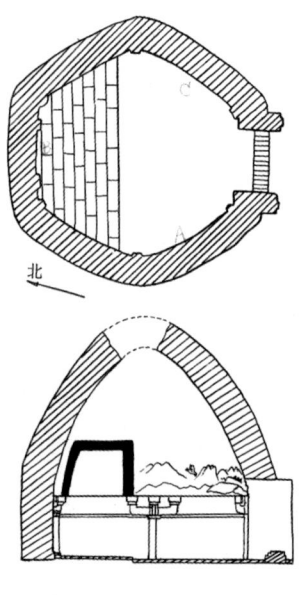

[그림 3-34] 피장구 1호 무덤 단면도

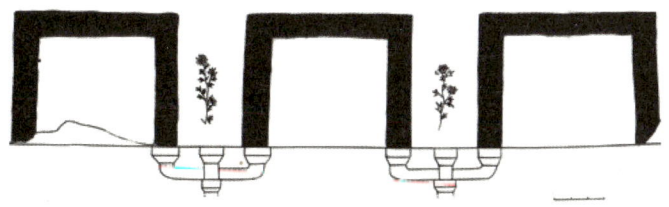

[그림 3-35] 피장구 1호 무덤 벽화 위치도

9. 하만자(下灣子) 1, 2, 5호 무덤

1991년에 발굴되었다. 하만자 무덤의 위치는 오한기 풍수향(豊收鄕) 성흥태촌(成興太村) 하만자촌 서북에 있다(그림 3-36).

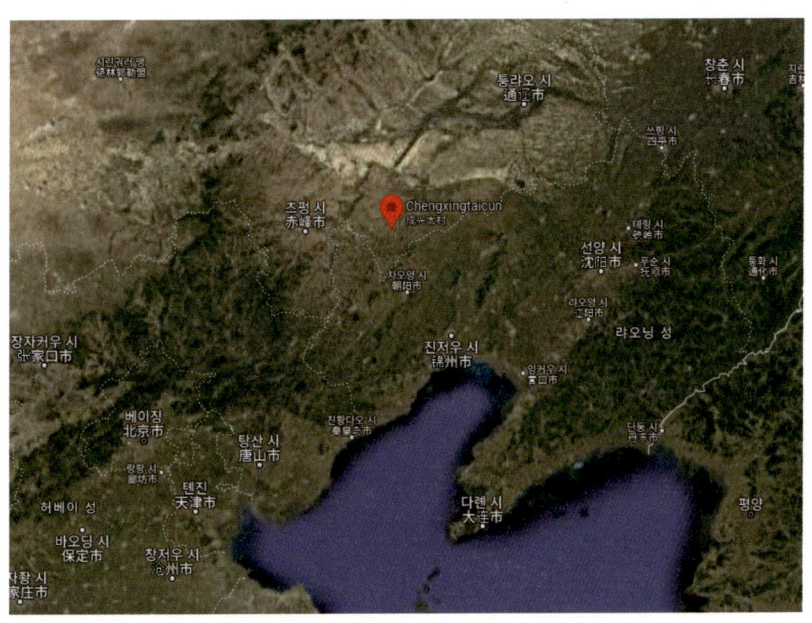

[그림 3-36] 하만자 1, 2, 5호 무덤 위치

2장 오한기 지역의 벽화무덤   75

(1) 하만자 1호 무덤

이 무덤을 발굴하기 전에 무덤의 둥근 지붕과 주위 벽의 윗부분은 현지 사람에 의해 철거되었다. 무덤은 묘도, 용도와 묘실 세 부분으로 이루어져 있다(그림 3-37). 묘실 평면은 팔각형이고 남북 대변(對邊)의 너비는 2m, 동서 대변의 길이는 2.6m로, 8개 변의 길이가 일치하지 않아 0.72~0.90m 사이이다. 용도는 길이 0.66m, 너비 0.6m, 높이 1.2m이고 묘문의 방형은 150도이다. 현재 벽화는 묘실 안의 주위 벽 일부분과 용도 양측 벽에 남아 있는데 일정하게 벽돌 위에 진흙을 한 겹 두텁게 바르고 다시 백회 반죽을 한 겹 바른 후 그림을 그렸다. 회반죽을 바를 때 진흙이 아직 마르지 않아 바른 자국이 비스듬하게 남아 있고 진흙과 회(灰)가 서로 섞여 있으며 회도 아주 얇게 발라져 있어 그림이 명료하지 않다(그림 3-38).

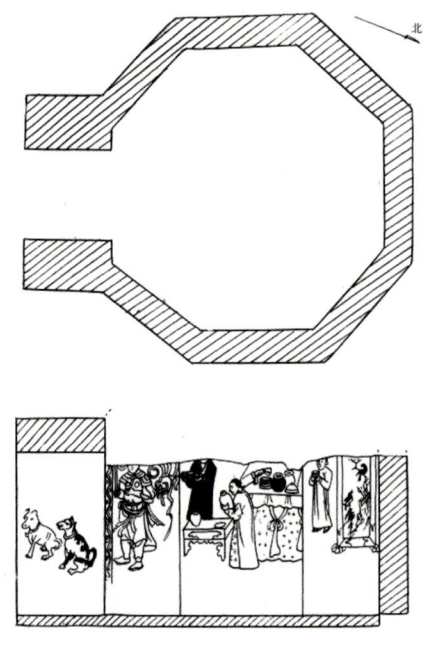

[그림 3-37] 하만자 1호 무덤 단면도

[그림 3-38] 하만자 1호 무덤 벽화

(2) 하만자 2호 무덤

이 무덤은 묘도, 천정, 묘문, 용도, 묘실의 다섯 부분으로 이루어져 있다(그림 3-39). 묘실 평면은 팔각형이고 천정 부분은 첩첩이 쌓아 첨정(尖頂)을 이루는데 파손되어서 일부분만 남아 있다. 또한 묘실 정면에 한 줄의 벽돌 담장을 가로로 쌓아 안에 흙을 채워서 다져 관상을 만들었고 관상 위에는 뼛가루가 있다. 묘문 정면에 백회를 칠하고 벽화를 그렸다. 문 위쪽에 횡액(橫額)을 튀어나오게 쌓고 붉은색을 칠했으며 문 윗부분에 네모난 벽돌 문잠(門簪)을 2개 새겨 색을 칠했다. 문에는 테두리를 둘러 양쪽에 검은색 한 줄을 그리고 천정 가까

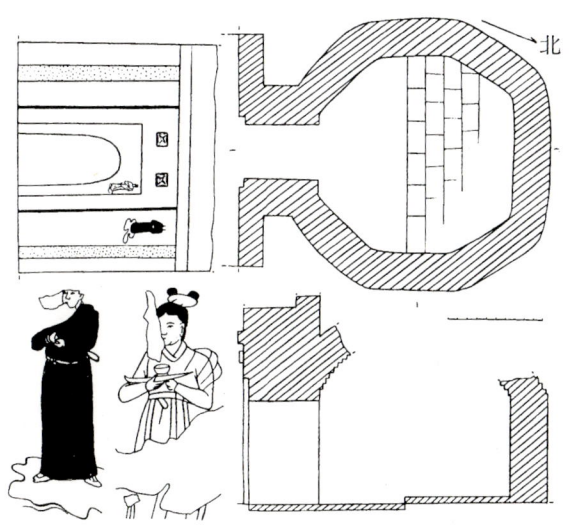

[그림 3-39] 하만자 2호 무덤 단면도 및 묘문 정면 동측의 벽화

이에 비교적 넓게 붉은색 한 줄을 칠해 두 개의 붉은 기둥을 대신한다. 횡액 위쪽은 두공인데 존재하지 않는다. 묘실의 남북과 동서의 대변은 너비가 일정하게 2.1m이고 북벽의 길이는 1.3m이며 나머지 벽은 0.8m 내외이다. 무덤으로 들어가는 용도는 길이 0.8m, 높이 1.1m, 너비 0.5m이고 무덤 천정은 동서 길이 2.4m, 너비 0.5m이며 묘문의 방향은 160도이다. 현재 벽화는 묘문 정면 동측 벽 일부분에만 남아 있고 그 외에는 다 떨어져 나갔다.

(3) 하만자 5호 무덤

이 무덤은 천정, 묘문, 묘실 세 부분으로 이루어져 있다(그림 3-40). 묘실 평면은 육각형이고 궁륭정은 이미 붕괴하여 일부분만 남아 있다. 직벽(直壁)과 천정이 만나는 자리의 안과 밖으로 각각 평대(平台)가 돌출되어 있다. 묘문 앞의 동서 양쪽에는 벽돌로 쌓은 직벽이 서 있고 다시 앞쪽에 반원형의 천정이 있는데 묘도는 만들지 않았다. 무덤 바닥에는 방형 구문전(勾紋磚)을 한층 깔았고 북쪽 가운데에 뼛가루가 있다. 남북 대변의 너비는 1.24m이고 동서 대변의 너비는 1.64m이다. 묘문 방향은 126도이다. 또한 현존 벽화는 묘실 내벽과 궁륭정, 그리고 묘문 앞에 있는 동서 양쪽 벽에 그려져 있다. 벽돌벽 위에 진흙을 바르고 또 한 겹의 백회를 발라 화면이 매끄럽고 섬세하다(그림 3-41).

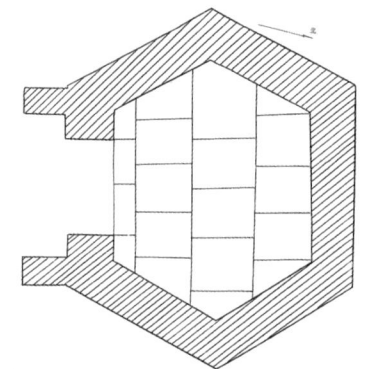

[그림 3-40] 하만자 5호 무덤 단면도

[그림 3-41] 하만자 5호 무덤 묘실 벽화

10. 낭랑묘(娘娘廟) 요대 무덤

1991년에 발굴되었다. 이 무덤은 오한기 금창구량진(金廠溝梁鎭) 낭랑묘촌 서북 약 1km의 골짜기에 위치한다(그림 3-42). 무덤은 네모 벽돌방 권정(券頂) 무덤이다(그림 3-43). 무덤 내 묘실의 동서 길이는 2.42m, 남북 너비는 2.36m, 네 벽의 두께는 1.06m이다. 무덤 바닥은 지붕에서부터 2.64m 거리이고 지표까지는 5m 정도 떨어져 있다. 네 벽의 1.2m 높이에서 아치가 시작한다. 벽돌벽 위는 먼저 진흙을 바르고 그 위에 백회를 발랐다. 아치가 시작되는 제1층을 따라 전첨(磚檐)에 붉은색(朱)을 발랐고 제3층 전첨과 제4층 전첨에는 일정하게 붉게(紅) 삼각을 그렸고 제7층과 제8층에는 다시 붉은색(朱)으로 발랐다. 권정 부분은 평평하게 뉘어 첩첩 쌓아 천정에 이르러 커다란 바위로 막았다. 남벽 가운데 묘문이 있는데 높이 1.2m, 너비 0.64m이고 앞쪽은 비탈진 묘도인데 묘도 너비가 다소 일정하지 않고 대부분 자갈로 가장자리를 채웠다. 묘문의 방향은 340도이다. 묘실의 네 벽 모두에 벽화가 있는데 비록 완전하게 보존이 되지는 않았지만 주요 내용은 아직 남아 있다(그림 3-44).

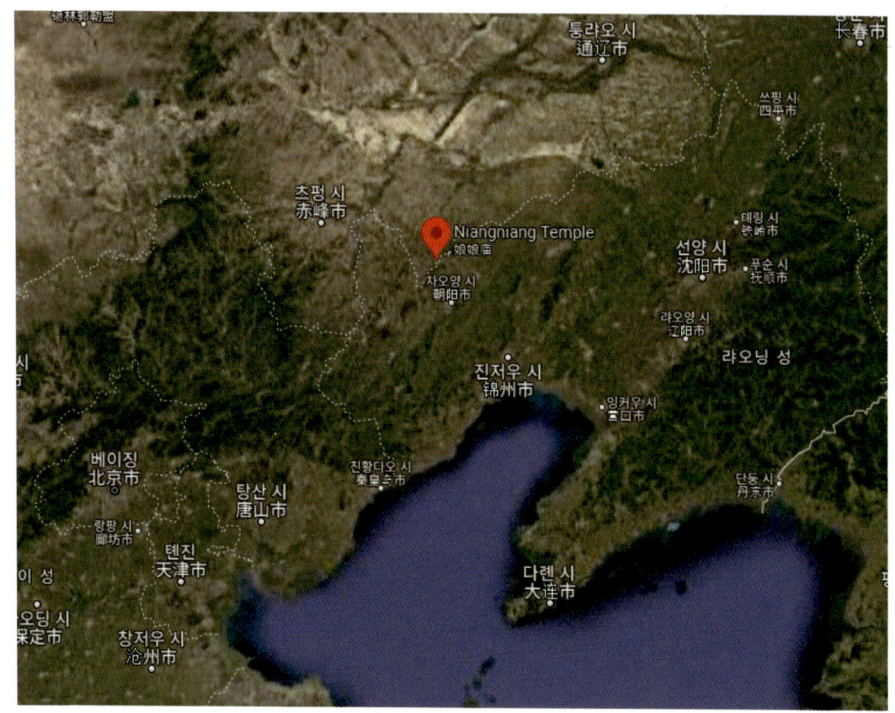

[그림 3-42] 낭랑묘 무덤 위치

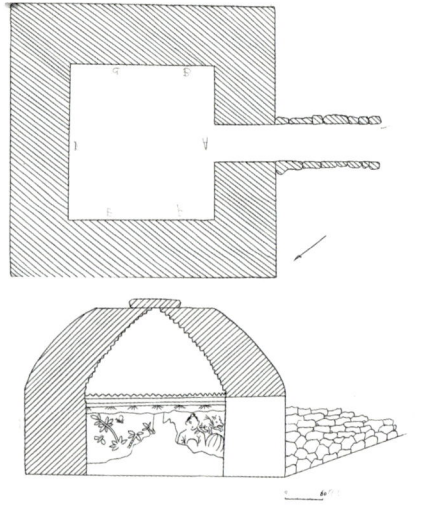

[그림 3-43] 낭랑묘 무덤 단면도

[그림 3-44] 낭랑묘 벽화

11. 칠가(七家) 1, 2, 3, 5호 무덤

1995년에 발굴되었다. 이 4기의 무덤은 오한기 마니한향(瑪尼罕鄕) 피장영자촌(皮匠營子村) 칠가촌 마을 남쪽 약 2.5km에 있는 이흑산(二黑山) 남쪽 비탈에 위치한다(그림 3-45).

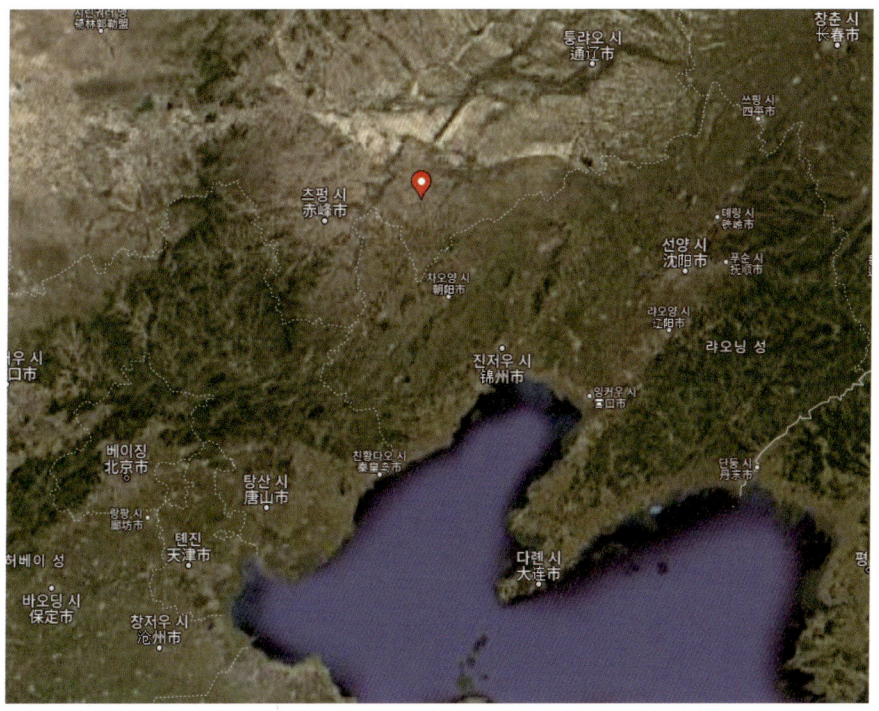

[그림 3-45] 칠가 1, 2, 3, 5호 무덤 위치

(1) 칠가 1호 무덤

칠가 1호 무덤은 묘도, 용도, 묘실의 세 부분으로 이루어져 있다(그림 3-46). 무덤 내 묘실은 팔각형 형태이고 벽돌로 쌓은 궁륭정이다. 천정은 버려진 맷돌로 막았다. 묘실 북쪽에 벽돌로 쌓은 관상이 있다. 묘실의 동서 대각의 길이는 2.8m이고 남북 대변은 2.46m이며 묘실 바닥에서 천정까지 높이는 2.5m이고 지표까지는 4.4m이다. 무덤 벽의 두께는 32cm이다. 무덤으로 들어가는 용도는 권정(券頂)으로 길이 1.8m, 너비 0.79m, 높이 1m이다. 묘문의 방향은 140도이고 묘문에서 밖으로 향해 양쪽으로 각각 전타(磚垛) 한 개씩을 쌓았으며 반월형 작은 천정이 같이 나온다. 현재 묘실의 네 벽과 궁륭정에 벽화가 남아 있다. 주위 벽의 모퉁이에 한 줄의 붉은색 넓은 띠를 늘어뜨리게 그려 기둥을 대신하였는데 이렇게 해서 주위 벽을 6개 부분으로 나누었다(그림 3-47, 48).

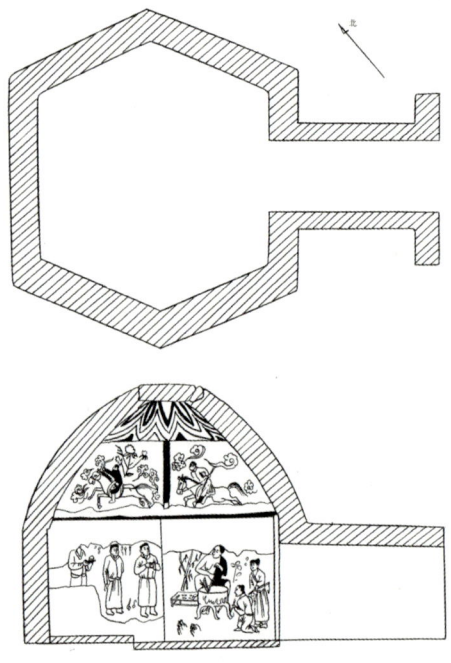

[그림 3-46] 칠가 1호 무덤 단면도

[그림 3-47] 칠가 1호 무덤 벽화

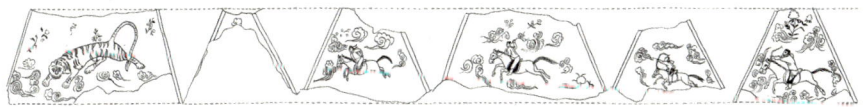

[그림 3-48] 칠가 1호 무덤 지붕의 벽화

(2) 칠가 2호 무덤

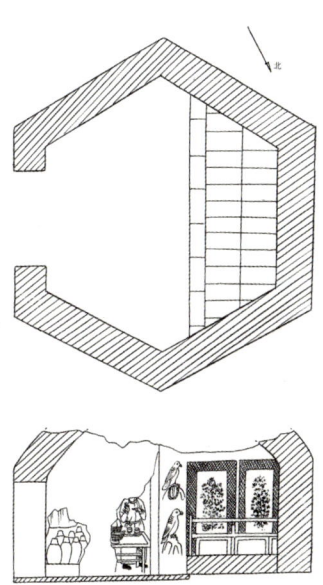

[그림 3-49] 칠가 2호 무덤 단면도

이 무덤은 현재 묘실 일부만 남아 있는데 둥근 천정과 묘문 앞 전체가 모두 파손된 것으로 확인된다. 묘실은 육각형 벽돌방이고 북쪽에 관상이 있으며 관상 앞 벽에 붉은색을 칠하고 주위 벽은 아래로부터 위쪽으로 향해 안으로 경사져 있다. 묘실의 동서 대각 길이는 2.92m이고 남북 대변의 너비는 2.45m이며 바닥은 지표로부터 3.6m 떨어져 있다. 묘문의 방향은 126도이다(그림 3-49). 무덤 안의 천정과 묘문의 남벽이 전부 파손되었기 때문에 동남과 서남 양벽 태반이 부서져 화면이 완전하지 못하고 단지 북벽과 관상 양측 벽 위의 화면만 보존 상태가 양호하다. 다만 전체 묘실 주위 벽의 회화는 비교적 청초하다(그림 3-50).

[그림 3-50] 칠가 2호 무덤 벽화

(3) 칠가 3호 무덤

이 무덤은 묘실, 용도, 묘도 세 부분으로 이루어져 있다(그림 3-51). 무덤으로 들어가는 용도 앞의 묘문은 벽돌로 막혀있다. 묘실은 팔각형 궁륭정인데 천정은 자연석으로 봉해져 있다. 무덤 내 묘실의 남북 대변의 길이는 3.2m이고 동서 대변의 너비는 3m이다. 무덤 바닥은 지붕으로부터 2.8m 정도 떨어져 있고 지표로부터는 약 3.2m 떨어져 있다. 직벽의 높이는 1.4m이고 용도는 권정인데 길이는 1.8m이고 너비는 0.9m, 높이는 1.2m이다. 묘문의 방향

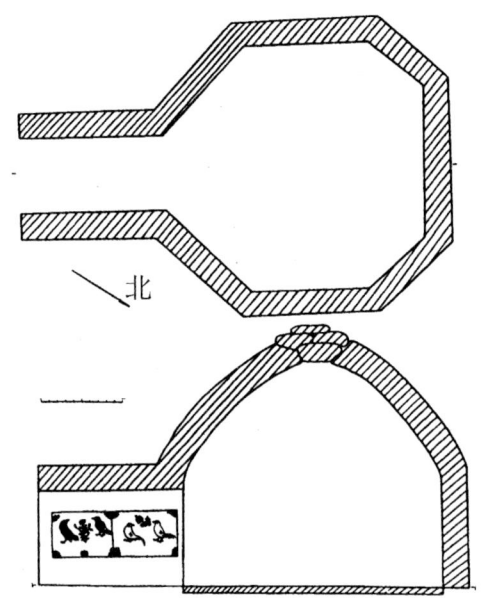

[그림 3-51] 칠가 3호 무덤 단면도

은 150도이다. 묘실 내벽과 용도 양쪽 벽에 벽화가 있는데 묘실 안의 벽화는 도굴되기도 하고 침수되어 많이 떨어져 나갔다. 지금은 북벽 좌측 부분과 용도 양 벽에만 그림이 남아 있다.

(4) 칠가 5호 무덤

이 무덤은 묘도, 묘문, 묘실 등 부분으로 이루어져 있다(그림 3-52). 무덤 내 묘문과 궁륭정은 이미 대부분 파손되었다. 묘문 앞과 묘도는 아직 발굴되지 않았다. 묘실은 팔각형 벽돌방이고 직벽과 궁륭정이 만나는 위치에서 처마가 나온다. 동서 대변의 길이는 2.48m이고 남북 대변의 너비는 2.39m이며 바닥은 지표로부터 4.4m 떨어져 있다. 묘문의 높이는 1m, 너비는 0.85m이고 방향은 130도이다. 묘실 내에 남은 벽화는 극히 일부분이다. 북벽과 동북, 서북 벽은 단지 테두리 부분 줄무늬만 남아 있고 테두리 내에는 오히려 화초의 잔해 그림이 남아 있다. 단지 명료한 화면을 충분히 볼 수 있는 곳은 동남과 서남 양 벽과 동서 양 벽의 앞부분이다.

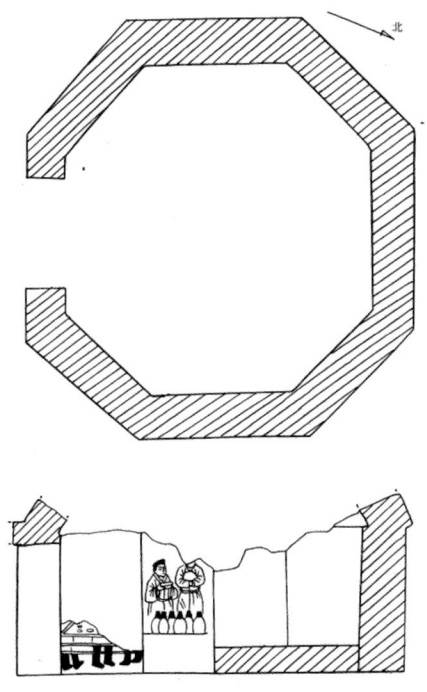

[그림 3-52] 칠가 5호 무덤 단면도

3장
벽화 내용의 분석

3장 벽화 내용의 분석

오한기 요대 무덤 벽화들을 보면 그 내용이 풍부한데 이는 여러 각도에서 요나라의 정치, 생활, 문화, 종교, 민족 등이 반영되었다고 볼 수 있다. 벽화의 내용으로 그것들을 구분하자면 대체로 5개의 유형 즉 장식류 벽화, 경관류 벽화, 동물류 벽화, 종교 벽화, 생활류 벽화로 나눌 수 있다.

1. 장식류 벽화

장식류 벽화는 대체로 묘문, 용도, 묘실 내벽과 혹은 묘실의 궁륭정에 위치한다. 그 외에도 두공이나 액방(額枋) 등 목조건축 부재, 혹은 인물화 사이에 있어 장식과 여백을 채우는 역할을 한다. 벽화의 내용으로는 화초식물 및 화염주(火焰珠)나 상운(祥雲) 등이다.

(1) 화초식물

① 피장구 1호 무덤 묘실 정면 국화도
세 군데 모두 대체로 같은 검은색 사각형의 틀을 그리고 각 틀 사이에 만개

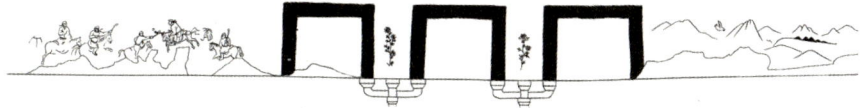

[그림 4-1] 피장구 1호 무덤 국화도

[그림 4-2] 육간방 남벽 남측 모란꽃   [벽화 1] 육간방 남벽 서측 모란꽃   [벽화 2] 육간방 남벽 남측 모란꽃

한 국화 한 송이를 그렸다. 국화는 먼저 먹줄로 윤곽을 그리고 나서 붉은색으로 발랐다(그림 4-1). 육간방 무덤 남벽에는 모란꽃 그림이 있다(그림 4-2, 벽화 1, 벽화 2).

(2) 화염주(火焰珠)

① 북삼가 1호 무덤 용도 동벽 화염주도

용도 벽화는 시작점부터 구정(口頂)까지, 그리고 용도 양 벽에 그려져 있다. 시작점에서 구정에 이르기까지는 여러 개의 화염주를, 가운데에는 큰 것 하나와 그 양쪽에 작은 것을 그렸다. 불꽃의 연기 터널은 천정까지 이르고 불꽃은 붉은색과 녹색을 번갈아 칠했으며 불꽃 아래에는 각각 상운(祥雲)이 허공을 비추고

[벽화 3] 북삼가 1호 무덤 용도 동벽의 화염주

있는데 구름은 붉은색과 푸른색으로 그렸다(벽화 3).

(3) 여의상운(如意祥雲)

① 한가와포 제2지점 2호 무덤 묘문의 상운도

묘문 주위는 붉은색과 푸른색을 칠한 4줄의 테두리를 둘렀는데 채회선 가장자리는 검은 선을 이용했다. 묘문 양쪽에는 각각 5덩이의 상운이 그려져 있는데 검은 선으로 가장자리를 그리고 안에는 붉은색과 푸른색을 칠했고 여백은 원형의 음양 도안으로 메워져 있다(그림 4-3, 벽화 4).

[그림 4-3] 한가와포 제2지점 2호 무덤 묘문 상운도

[벽화 4] 한가와포 제2지점 2호 무덤 묘문 상운도

② 한가와포 제2지점 6호 무덤 묘문 상운도

묘문 위에 3개의 포도 모양 도안이 있고 가운데에 3덩이의 상운이 있으며 그 밑에는 2개의 포도 모양 도안이 있다(그림 4-4).

[그림 4-4] 한가와포 제2지점 6호 무덤 묘문 상운도

2. 경관류 벽화

이 벽화들의 내용은 대부분 산, 강, 꽃, 새, 석가산(石假山) 등이다. 그리고 이를 다시 자연 경관과 인공 경관으로 구분할 수 있다.

(1) 자연경관

① 피장구 1호 무덤 묘문 연봉도(連峯圖)

벽화가 일부 파손되어 연봉과 매 한 마리만 남아 있다. 매가 고공에서 급강하 하는 것을 볼 수 있다(그림 4-5).

[그림 4-5] 피장구 1호 무덤 묘문 동측 연봉도(連峯圖)

② 하만자 5호 무덤 묘실 서북벽 수련도(水蓮圖)

수련도를 보면 앞에는 2개의 큰 연꽃잎이 있고 오른쪽 연잎은 바람에 의해 비스듬히 옆으로 흔들리고 있다. 가운데에 4송이가 활짝 펴 있고 그 뒤에는 7대의 갈대가 있다. 갈대 아래에는 물결이 햇빛에 반짝이고 작은 풀들이 배열해 있다. 양쪽에는 마름 2그루가 있고 연꽃과 갈대 등이 바람에 흔들리며 물결이 이는 풍경이다(그림 4-6, 벽화 5).

[그림 4-6] 하만자 5호 무덤 묘실 서북벽 수련도(水蓮圖)

[벽화 5] 하만자 5호 무덤 묘실 서북벽 수련도

③ 하만자 5호 무덤 묘실 북벽 모란도

　벽화를 보면 한 떨기의 활짝 핀 모란꽃이 있는데 잎은 짙푸른색이고 꽃은 붉은색이다. 나뭇가지와 잎 모두 무성하고 그 사이에 춤추는 나비도 있다. 꽃, 잎, 가지, 나비 모두 윤곽을 그리지 않았는데 붓으로 직접 번지게 하는, 이른바 '무골(無骨)' 화법이다. 바닥에 꽃잎 몇 장이 떨어져 있고 고스러진 늙은 가지는 짙은 홍갈색으로 그렸으며 짙은 녹색의 새 가지는 쭉쭉 뻗어 있다. 활짝 핀 목련 4송이, 반만 핀 혹은 꽃봉오리가 터시러 하는 4송이 등이 꽃들을 교차해 소밀(疏密)의 정취가 가득하다(그림 4-7, 벽화 6).

[그림 4-7] 하만자 5호 무덤 묘실 북벽 수련도

3장 벽화 내용의 분석　95

[벽화 6] 하만자 5호 무덤 묘실 북벽 수련도

④ 하만자 5호 무덤 묘실 동북벽 수련도

벽화를 보면 앞에는 2개의 큰 연잎이 서로 마주 대하고 있고 가운데에 활짝 핀 4송이 연꽃이 있으며 뒤에는 갈대가 있다. 연꽃 아래에는 물결이 햇빛에 반짝이고 있고 작은 풀들이 배열해 있으며 양쪽에 마름 2그루가 있다. 연꽃, 갈대 등이 바람에 흔들리며 물결이 이는 풍경이다(그림 4-8, 벽화 7).

[그림 4-8] 하만자 5호 무덤 묘실 동북벽 수련도

[벽화 7] 하만자 5호 무덤 묘실 동북벽 수련도

(2) 인공 경관

① 양산 1호 무덤 묘실 북벽 모란도

벽화의 화면은 3부분으로 나눌 수 있는데 중간 부분은 검은 선으로 그린 닫힌 두 짝 문의 원경(遠景)이고 문 좌우 양쪽에는 태호(太湖) 석가산(石假山) 근경(近景)이 있다. 돌 앞쪽에는 풀숲이 있고 뒤에는 가지의 잎이 무성한 모란꽃이 있다. 어긋버긋한 게 운치가 있고 원근이 잘 어울리며 전체 화면이 꽉 차고 색이 바래지 않았다(그림 4-9, 벽화 8).

[그림 4-9] 양산 1호 무덤 묘실 북벽 모란도

[벽화 8] 양산 1호 무덤 묘실 북벽 모란도

3. 동물류 벽화

동물에 관한 벽화는 단독으로 그려져 있으며 대부분 닭, 개, 새 등이다.

(1) 닭

① 하만자 1호 무덤 용도 동벽 쌍계도(雙鷄圖)

2마리 수탉이 앞뒤로 가는데 뒤에 따라오는 닭이 울자 앞에 있는 닭이 뒤를 돌아보고 있다(그림 4-10, 벽화 9).

[그림 4-10] 하만자 1호 무덤 용도 동벽 쌍계도(雙鷄圖)

[벽화 9] 하만자 1호 무덤 용도 동벽 쌍계도

② 육간방 무덤 묘실 남벽의 수탉도

먹줄로 닭의 윤곽을 그리고 있다. 닭은 고개를 들고 활보하고 있고 꼬리도 흔들고 있다. 닭의 볏을 붉게 칠했다. 수탉 앞의 모란꽃잎도 붉다(그림 4-11, 벽화 10).

[그림 4-11] 육간방 묘실 남벽의 수탉도

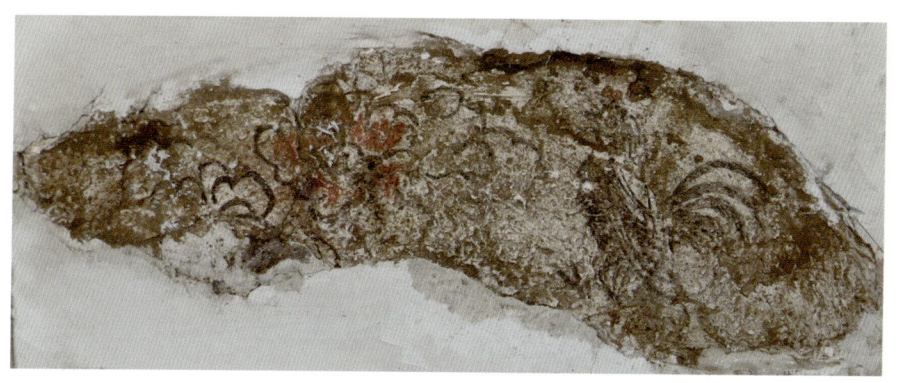

[벽화 10] 육간방 묘실 남벽의 수탉도

(2) 개

① 하만자 1호 무덤 용도 서벽의 쌍견도(雙犬圖)

개 2마리가 쪼그리고 앉아 있다. 앞에 있는 백구는 꼬리를 세우고 앞을 바라보고 있는데 둥근 방울이 달린 붉은 목줄을 하고 있다. 뒤의 개는 바둑이이며 머리를 쳐들고 입을 벌려 혀를 내밀고 꼬리를 세우고 있다. 방울 달린 흰 목줄을 하고 있다(그림 4-12, 벽화 11).

[그림 4-12] 하만자 1호 무덤 용도 서벽 쌍견도(雙犬圖)

[벽화 11] 하만자 1호 무덤 용도 서벽 쌍견도

② 육간방 무덤 묘실 남벽의 좌견도(坐犬圖)

먹줄로 그려진 개가 땅에 쪼그리고 앉아 있다. 머리를 쳐들고 꼬리는 말려 있다(그림 4-13, 벽화 12).

[그림 4-13] 육간방 무덤 묘실 남벽 좌견도

[벽화 12] 육간방 무덤 묘실 남벽의 좌견도(坐犬圖)

(3) 새

① 칠가 2호 무덤 묘실 서북벽 쌍응도(雙鷹圖)

2마리의 회색 해동청(海東青)이 위아래로 배열해 있다. 둘 다 머리를 안으로 향하고 있고 각자 역산(逆山)자 모양의 횃대에 서 있다. 횃대 위는 둥근 활시위 모양이고 아래는 삼첨족(三尖足)이다. 위쪽 매의 윗부분은 떨어져 나갔고 다리 상부에서 아래로 늘어진 수갑 모양의 '응련(鷹鏈)'을 차고 있다. 쇠사슬은 횃대를 감고 있다. 아래쪽 매의 쇠사슬은 좁은 띠 모양이다. 2마리 매의 다리에 쇠사슬이 묶여 있다. 그리고 매 발톱을 보면 위의 매는 아주 강해 보이고 아래의 매는 매우 가늘어 보이는데 이는 암수를 달리 묘사한 것으로 볼 수 있다(그림 4-14).

[그림 4-14] 칠가 2호 무덤 묘실 서북벽 쌍응도(雙鷹圖)

② 칠가 3호 무덤 묘실 북벽의 화조도(花鳥圖)

벽화가 이미 심하게 벗겨졌기 때문에 현재는 북벽 왼쪽에 꽃과 새만 남아 있는데 꼬리 긴 새 한 머리가 한 떨기 모란꽃 옆에 떨어져 있다.

③ 칠가 3호 무덤 용도 동서 양쪽 벽의 화조도

용도 동서 양쪽 벽에 먹줄로 2개의 네모난 틀이 그려져 있고 틀의 네 모서리와 위, 아래에는 빨간색 꽃잎이 있으며 가운데에는 가장자리를 검게 그린 잎을 가진 붉은 모란꽃 한 송이가 있다. 모란꽃 양 옆에는 각기 새 한 마리가 서 있다. 그중에서도 서쪽 벽 왼쪽 틀에 있는 새의 깃털은 회색이고 오른쪽 틀에 있는 새의 깃털은 노란색이다. 동벽의 각 틀 양쪽의 새는 하나는 회색이고 하나는 노란색인데 회색 새가 앞에 있고 노란 새는 뒤에 있다. 각 틀의 앞쪽에 있는 새들은 모두 고개를 돌리고 있는데 뒤쪽의 새가 이에 호응하고 있다.

4. 종교 벽화

이 종류의 벽화는 종교를 반영하고 있는데 이는 주로 도교와 불교 위주이다. 도교의 내용은 대부분 선인(仙人)과 문신(門神) 등 이고 불교는 봉경(奉經)과 봉등(奉燈) 및 범문제기(梵文題記) 등이다.

(1) 도교

① 하만자 1호 무덤 묘실 동남 벽과 서남벽의 문신도(門神圖)

서남벽에 있는 문신은 어깨 위부터 벽화가 떨어졌는데 몸을 반쯤 왼쪽으로 기울여 서 있고 오른손에는 자루가 긴 무기를 잡고 있다. 동남벽의 문신은 가슴 위부터 벽화가 떨어졌는데 반쯤 오른쪽으로 서 있다. 그리고 두 문신 뒤에는 붉은색 상운이 서로 받쳐주고 있는데, 문의 안쪽 가장자리는 붉은 띠이고 바깥쪽은 검은색과 붉은색이 어우러져 권운문(卷雲紋)을 이룬다(그림 4-15).

[그림 4-15] 하만자 1호 무덤 묘실 동남벽과 서남벽 문신도(門神圖)

② 하만자 2호 무덤 묘문 동벽의 선인도(仙人圖)

두 사람이 구름 위에 서 있는데 이들은 모두 묘주인의 사후 승천을 인도하는 선인이다. 이 중에 한 사람은 묘문의 네모난 틀 안의 오른쪽 위 모서리에 그려져 있다. 몸을 반쯤 왼쪽으로 세우고 두 손으로 얕은 쟁반 같은 것을 받치고 있는데 그 위에는 작은 잔이 놓여 있다. 그는 교령(交領)에 소매가 꽉 조이는 하얀 긴 두루마기를 입고 허리에는 빨간색 띠를 묶고 있다. 겨드랑이 아래에서 어깨 뒤로 나부끼는 한 쌍의 띠가 있고 머리 꼭대기에는 쌍비녀가 있는 붉은 두건을 쓰고 있다. 다른 한 사람은 문틀 바깥과 붉은 기둥 사이의 상부에 그려져 있는데 반측면으로 왼쪽을 향해 서 있다. 어깨 윗부분의 화면은 심하게 떨어져 있는데 두 손을 가슴께에 두고 있다. 상반신이 뒤로 젖혀져 어깨와 가슴이 솟아 있다. 그의 옷차림은 소매가 좁은 긴 검은색 두루마기를 입고 있으며 흰 가죽신을 신고 허리에 하얀 끈을 매고 있다. 문의 왼쪽 위 모서리에 역시 두 선인을 그렸는데 발굴하기 전에 이미 벽돌이 부서져 남아 있지 않고 단지 문틀 옆의 구름 송이와 검은 두루마기의 아랫자락 부분만 보인다(그림 4-16).

[그림 4-16] 하만자 2호 무덤 묘문 동벽의 선인도

(2) 불교

① 라마구 무덤의 시(詩)와 제기(題記)

묘실 내의 묘문 왼쪽에 한 줄 한 줄 써 내려간 18개 글자 묵서가 있는데 대부분 알 수가 없다. 판별할 수 있는 글자는 '日', '月' 및 숫자 등인데 이는 무덤의 기년(紀年)인 것 같다(그림 4-17)[11]. 묘실 북쪽의 궁륭정의 가운데에 네 줄로

---

[11] 거란대자(해독-김태경 박사, 《거란소자사전》 저자)

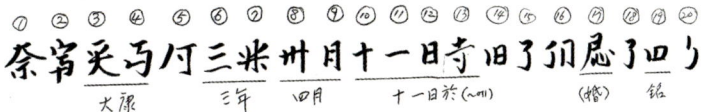

써 내려간 칠언시(七言詩) 한 수가 있다. 칠언시의 내용은 아래와 같다. '真言梵字觸尸骨, 亡者即升净土中。見佛聞法親授記, 連証無上大菩提'. 관상 가장자리에 이르는 무덤의 북, 서북, 동북 및 동서 양쪽 벽에는 모두 가로로 쓰인 범자 불경 묵서가 있었는데 관상에서 가까이 있는 가장자리의 글자는 떨어져나가 현재는 약 200여 글자만 남아 있다. 그것도 여러 부분으로 나뉘어 있는데 남아있는 정도가 서로 같지 않다. 쓰여진 범문은 상술한 싯구 중 소위 "眞言梵字"이다(벽화 13).

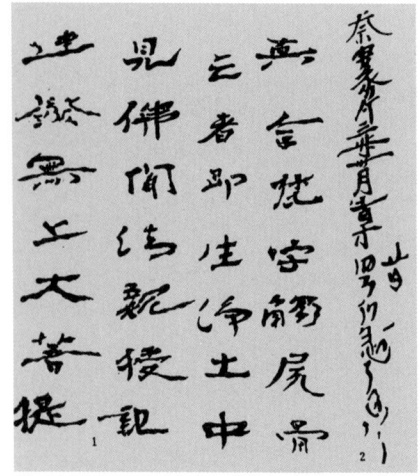

[그림 4-17] 라마구 무덤 칠언시

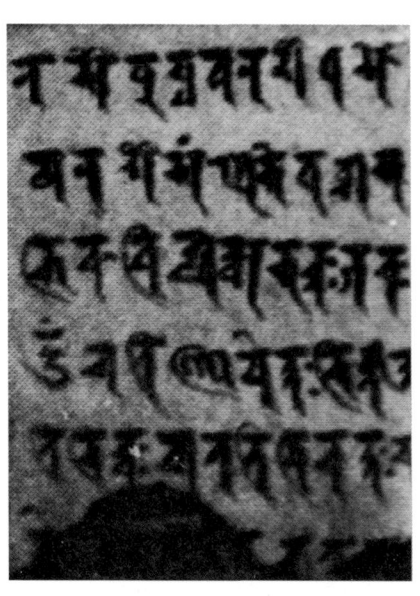

[벽화 13] 라마구 무덤 진언범자(眞言梵字)

② 한가와포 제1지점 1호 무덤 묘실 서벽의 봉경도(奉經圖)

모두 6명이 있고 앞에는 책상이 하나 있는데 그중에 4명의 머리 부분과 상반신은 훼손되었다. 왼쪽 첫 번째 사람 머리는 안 보이지만 몸을 반쯤 왼쪽으로 기울여 서 있고 둥근 옷깃, 좁은 소매의 붉은색 긴 두루마기를 입고 허리에는 하얀 끈을 매고 있다. 흰 장화를 신고 양손을 가슴께에 포개 잡고 있는데 우측 어깨 부분에 닿은 손에는 가늘고 긴 장간(杖干)을 잡고 있다. 머리는 민 것처럼 보인다. 두 번째 사람도 몸을 반쯤 왼쪽으로 기울여 서 있고 둥근 옷깃, 좁은 소매의 누런 두루마기를 입고 있다. 허리에는 하얀 끈을 매고 검은 장화를 신고 있다. 양손은 가슴 앞에 합장하고 있고 검은 두건을 쓰고 수염을 짧게 길렀으며 앞을 응시하고 있다. 세 번째 사람은 네 번째 사람의 뒤에 있는데 몸을 반쯤 왼쪽으로 기울여 서 있다. 머리 부분은 남아 있지 않지만 머리를 두 번째 사람 쪽으로 돌리고 있다. 그는 좁은 소매의 하늘색 긴 두루마기를 입고 허리에 하얀 끈을 매고 있으며 하얀 장화를 신고 있다. 양손을 모아 가슴께에 두고 있다. 네 번째 사람도 머리 부분이 안 보이는데 몸을 반쯤 왼쪽으로 기울여 서 있다. 둥근 옷깃, 좁은 소매의 긴 붉은색 두루마기를 입고 허리에는 하얀 끈을 매고 있으며 하얀 장화를 신고 있다. 그는 왼발을 떼려는 상태로 가슴 앞에 합장을 하고 있다. 품에 경서 한 권을 끌어안고 있다. 다섯째 사람과 여섯째 사람은 모두 상반신이 안 보인다. 다섯 번째 사람은 좁은 소매의 붉은색 긴 두루마기를 입고 허리에 하얀 띠를 두르고 있다. 구부린 몸이 책상을 향하는데 책상 위에 물건을 놓아둔 것 같다. 여섯 번째 사람은 좁은 소매의 흰 긴 두루마기를 입고 있고 허리에도 흰색 띠를 둘렀다. 양손으로 책 한 권을 받들어 책상 위에 놓고 있다. 책상은 장방형이고 네 가장자리와 다리, 모서리 모두 붉은색이고 책상면은 흰색이다. 책상 위에는 경서 두 무더기가 있는데 책상 가운데에 3권이 놓여 있다. 책상 북쪽에 수직으로 펼친 좁은 폭의 그림이 있는데 위쪽은 훼손되었고 가지, 잎, 꽃, 풀이 그려져 있으며 잎 부분을 붉게 칠했다(그림 4-18, 벽화 14).

③ 한가와포 제1지점 1호 무덤 묘실 동벽의 봉등도(奉燈圖)

벽화 속에 4명의 사람이 서 있다. 앞쪽에 네모난 탁자 2개가 있는데 윗부분은 이미 파손되어 없어졌다. 오른쪽 첫 번째 사람은 어깨 부분 위쪽이 떨어져 나갔는데 좁은 소매의 붉은 긴 두루마기를 입고 허리에는 하얀 끈을 묶고 있으

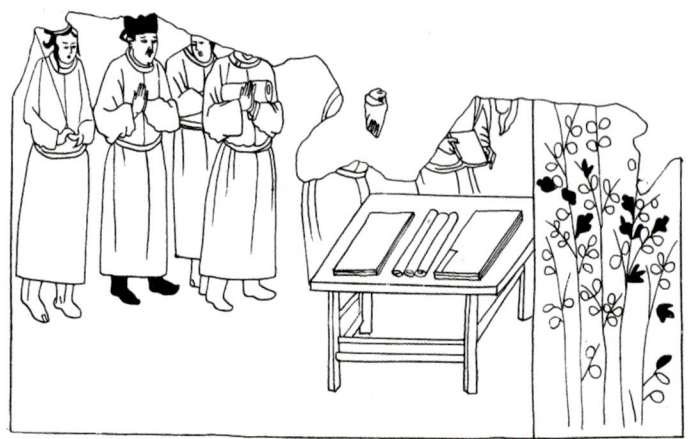

[그림 4-18] 한가와포 제1지점 1호 무덤 묘실 서벽 봉경도(奉經圖)

[벽화 14] 한가와포 제1지점 1호 무덤 묘실 서벽 봉경도

며 하얀 장화를 신고 있다. 두 손으로 가슴 앞에 막대기를 잡고 있다. 두 번째 사람도 어깨 부분 위쪽이 떨어져 나갔는데 좁은 소매의 푸른 긴 두루마기를 입고 있고 허리에 하얀 끈을 묶었다. 앞 옷자락을 허리춤에 끼워 하얀 부분만 노출하고 있다. 하얀 장화를 신고 있으며 가슴께에서 두 손을 쥐고 있다. 세 번째 사람과 네 번째 사람은 허리 윗부분이 떨어져 나갔는데 둘 다 탁자 앞에 서 있다. 세 번째 사람은 붉은 긴 두루마기를 입고 있고 얼굴색에서도 약간의 탈락이 보인다. 허리에 하얀 띠를 묶고 있고 몸은 약간 앞으로 기울어져 있다. 네 번째 사람은 긴 푸른 두루마기를 입고 있고 검은 장화를 신었다. 네 번째 사람 앞에 2개의 탁자가 있고 탁자 다리와 4면은 모두 붉게 칠해져 있고 탁자면은 흰색이다. 앞의 탁자 위에는 여의형(如意形) 연화등 한 개가 놓여 있고 가운데에는 뚜껑 덮인 그릇이 하나 있으며 뒤의 탁자 가운데에는 하얀 주발이 놓여 있고 앞쪽 측면에는 붓걸이 비슷한 것이 놓여 있다. 탁자 북쪽에는 수직으로 펼친 좁은 폭의 그림이 있는데 위쪽은 훼손되었고 가지, 잎, 꽃, 풀이 그려져 있고 잎 부분은 붉게 칠했다(그림 4-19, 벽화 15).

[그림 4-19] 한가와포 제1지점 1호 무덤 묘실 동벽 봉등도

[벽화 15] 한가와포 제1지점 1호 무덤 묘실 동벽 봉등도

5. 생활류 벽화

생활류 벽화는 요대 벽화의 중심 주제이고 벽화 중에서도 가장 내용이 풍부하고 가장 가치가 있다.

(1) 수렵

수렵도는 두 부분으로 나눌 수 있는데 하나는 수렵 장비이고 하나는 수렵 내용이다.

① 라마구 무덤 묘실 서벽의 수렵도-수렵 장비 관련 일례
  벽화 속에 거란 남자 5명이 있는데 모두 반쯤 안으로 서 있다. 앞뒤 두 줄로 배열해 있고 앞에 3명이 있다. 앞줄의 오른쪽에서 팔짱을 끼고 있는 첫 번째 청년은 둥근 옷깃, 좁은 소매의 푸른 두루마기, 백색 중단(中單)을 입었으며 허리

에 붉은 띠를 묶고 있고 허리 오른쪽 띠에 노란색의 편고(扁鼓)를 걸고 있다. 윗머리는 밀고 몸 뒤쪽으로 한 갈래로 땋은 머리카락이 휘날린다. 다리 부분은 탈락되어 있고 얼굴에 미소를 띠고 앞을 바라보고 있다. 두 번째 사람은 수염이 덥수룩한 연장자인데 오른손에 장갑을 끼고 있고 담홍색의 '해동청(海東靑)'을 들고 있다. 왼손으로 매의 깃털을 쓰다듬고 있는 것처럼 보인다. 둥근 옷깃, 좁은 소매의 담황색 두루마기, 백색 중단(中單)을 입었으며 허리에 누런 띠를 묶었다. 윗머리는 밀고 앞이마에 단발이 있으며 양 살래로 땋이 드리우고 있다. 가슴은 펴고 배는 내밀고 앞을 바라보고 있는데 얼굴에는 위엄이 서려 있다. 세 번째의 청년은 푸른색으로 안을 댄 흰 가죽 장화를 두 손으로 받쳐들고 있다. 그는 둥근 옷깃, 좁은 소매의 붉은 두루마기, 흰 중단을 입었으며 허리에 푸른색 띠를 묶고 있고 허연 장화를 신고 있다. 윗머리는 밀고 머리 모양은 연장자와 같은 모양을 하고 있다. 뒷줄의 오른쪽에서 첫 번째 청년은 두 손으로 붉은색 거문고(琴)를 안고 있다. 오른손으로 음상(音箱) 밑을 받치고 왼손으로 거문고 대(杆)를 잡고 있는데 음상(音箱)은 사다리꼴이고 거문고 대는 납작하고 넓으며 끝이 뾰족하고 2개의 반달 모양 거문고 축이 있다. 둥근 옷깃, 좁은 소매의 녹색 두루마기, 누런 중단을 입었으며 허리에 누런 띠를 묶고 있고 허연 장화를 신고 있다. 이마 앞쪽부터 귀밑머리까지 짧은 머리칼을 남기고 머리 뒤쪽으로 땋아 뭉쳐 둥글게 만들고 팔자 눈썹에 미소를 머금고 있다. 그 옆의 두 번째 사람은 장년으로 팔자수염을 기르고 있다. 오른손에 붉은 활을 잡고 왼손에는 2대의 화살을 들고 있다. 둥근 옷깃, 좁은 소매의 녹색 두루마기, 누런 중단을 입었으며 허리에 짙푸른 띠를 두르고 있다. 머리에 검은 두건을 쓰고 허연 장화를 신고 있으며 짧은 팔자 눈썹 모양이다(그림 4-20, 벽화 16).

[그림 4-20] 라마구 무덤 묘실 서벽 비렵도

[벽화 16] 라마구 무덤 묘실 서벽 비렵도(備獵圖)

② 칠가 1호 무덤 둥근 천정의 호렵도(虎獵圖)-수렵 관련 일례

둥근 천정 가운데에 활짝 핀 연꽃 한 송이가 그려져 있다. 중간에 이르기까지 넓고 붉은 가로의 띠 하나가 그려져 있고 그 아래부터 네 벽과 천정의 경계에 이르는 곳에 붉은 띠로 6개의 사다리꼴 테두리를 그려 그 안에 각각 한 폭씩의 그림을 그려 놓았다. 다만 그 내용은 만화적인 호랑이 사냥 장면을 묘사하고 있다(그림 4-21).

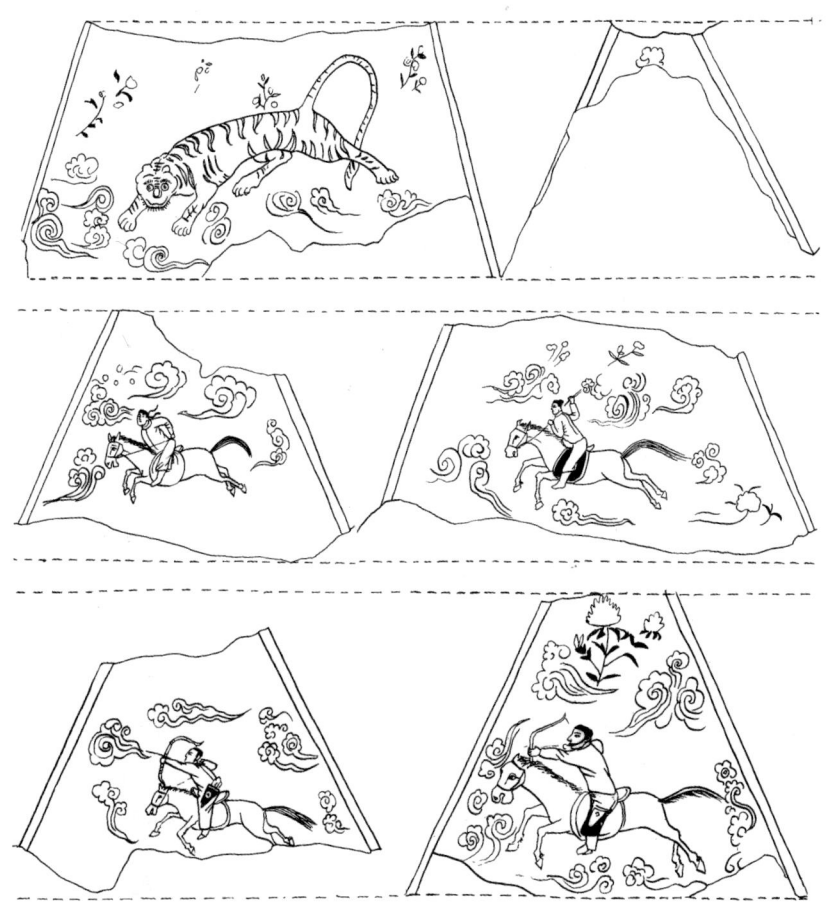

[그림 4-21] 칠가 1호 무덤 천정 호렵도

ⓐ 칠가 1호 무덤 천정 노호도(老虎圖)

묘문 상방의 남쪽 천정에 한 마리의 주황색 호랑이가 그려져 있다. 호랑이 머리는 동쪽을 향하고 꼬리는 서쪽을 향하는데 긴 꼬리는 위로 치켜 올라갔다가 갈고리 모양으로 구부러지고 있다. 가는 허리에 굵은 다리를 하고 있는데 앞다리는 곧게 세우고 뒷다리는 펴고 있다. 머리는 왼쪽으로 약간 구부려 있다. 눈썹을 잘 그리고 눈 뒤에 흰색을 넣어 호랑이 두 눈을 부리부리하게 하여 더욱 위풍을 떨치게 하였다. 호랑이 아래에는 여러 송이의 여의상 구름이 있고 위쪽에는 모란꽃 3송이를 그려 여백을 메웠다(그림 4-22, 벽화 17).

[그림 4-22] 칠가 1호 무덤 천정 노호도(老虎圖)

[벽화 17] 칠가 1호 무덤 천정 노호도

ⓑ 칠가 1호 무덤 서북 천정 벽의 기행자(騎行者)

다른 5개의 칸에는 말을 타고 있는 사람을 한 명씩 그려놓았다. 말머리는 모두 왼쪽을 향하고 있고 네 발은 허공을 질주하는 모습 같다. 모두 안장과 재갈이 있다. 서벽에 있는 벽화는 이미 많이 떨어져서 여의상운만 남아 있지만 나머지 4면 벽은 상태가 더 온전히 보전되어 있다. 서북 천정 벽에 그려진 사람은 회색 말을 타고 있는데 네 발은 허공을 질주하는 모습이고 머리는 왼쪽을 향하며 하얀색 안장과 붉은색 언치를 가지고 있다. 말을 타고 있는 사람은 왼손으로 고삐를 잡고 오른손으로 말에게 채찍을 휘두르는 모양이다. 머리에 검은 평정모(平頂帽)를 썼는데 2가닥의 가는 띠가 머리 뒤로 나부끼고 있다. 몸에는 둥근 옷깃, 좁은 소매의 담청색 두루마기를 입었으며 허리에는 검은 띠를 두르고 있다. 상체는 앞으로 기울어 있고 눈은 앞을 바라보고 있다(그림 4-23, 벽화 18).

[그림 4-23] 칠가 1호 무덤 서북 천정 벽의 기행자(騎行者)

[벽화 18] 칠가 1호 무덤 서북 천정 벽의 기행자

ⓒ 칠가 1호 무덤 북쪽 천정의 기행자

　무덤의 천정 북쪽 벽에는 붉은 말이 그려져 있는데 네 발로 허공을 날며 질주하는 모습이다. 그 말은 머리를 왼쪽으로 향하고 하얀색 안장과 검은색 언치를 가지고 있다. 말에 탄 사람은 왼손으로 고삐를 잡고 오른손은 휘두르고 있다. 이는 당연히 채찍을 들어 말을 채찍질하는 것일 텐데, 채찍은 떨어져 나가고 없다. 둥근 옷깃, 좁은 소매의 붉은 두루마기를 입고 검은 두건을 썼으며 허연 장화를 신고 있다(그림 4-24, 벽화 19).

[그림 4-24] 칠가 1호 무덤 북쪽 천정의 기행자

[벽화 19] 칠가 1호 무덤 북쪽 천정의 기행자

ⓓ 칠가 1호 무덤 동북쪽 천정의 기행자

무덤의 동북쪽 천정에는 검은 반점이 있는 회색 말이 그려져 있는데 네 발은 허공을 질주하는 모습이고 머리는 왼쪽을 향하고 있으며 하얀색 안장과 검은색 언치를 가지고 있다. 말을 탄 사람은 상반신이 앞으로 기울어져 있고 손으로 활을 당겨 화살을 쏘려 하고 있다. 몸에는 둥근 옷깃, 좁은 소매의 연푸른 두루마기를 입고 머리에는 검은 원정모(圓頂帽)를 쓰고 있다. 허리에 흰색 화살통을 찼는데 윗부분은 동그란 점에 이중의 가장자리 선이 있어 마치 눈(目)처럼 장식했고 아랫부분은 물고기 꼬리 모양인데 안에는 꼬리에 깃털을 단 화살 5대가 꽂혀 있다(그림 4-25, 벽화 20).

[그림 4-25] 칠가 1호 무덤 동북쪽 천정의 기행자

3장 벽화 내용의 분석 117

[벽화 20] 칠가 1호 무덤 동북쪽 천정의 기행자

ⓔ 칠가 1호 무덤 동남쪽 천정의 기행자

무덤의 동남쪽 천정에 붉은색 말이 그려져 있는데 하얀색 안장과 푸른색 언치를 가지고 있다. 말을 탄 사람은 손으로 활을 가득 당겨 화살을 쏘려 한다. 그는 짧은 소매의 검은 두루마기 차림이며 허리에는 화살통을 차고 있다. 허연 장화를 신고 검은색 모자를 쓰고 있으며 끈이 입 뒤로 둘려 있는데 활쏘기에 지장이 없도록 끈을 입에 물고 있다(그림 4-26).

[그림 4-26] 칠가 1호 무덤 동남쪽 천정의 기행자

(2) 연음과 시봉(侍奉)

이 방면의 내용은 매우 풍부하여 비음(備飲), 진음(進飲), 연회 및 시봉 등을 포함한다.

① 북삼가 1호 무덤 동 측실의 비음도(備飲圖)

무덤의 동남 벽과 서남 벽에 4명의 사람이 그려져 있다. 동남 벽의 밖에서 안쪽으로 첫 번째로 서 있는 사람은 초록색 윗옷을 입고 하얀색 바지를 입고 있다. 소매를 걷어붙인 왼팔을 들어올리고 있는데 이 외에 다른 부분은 떨어져 나가 확인할 수 없다. 다시 안쪽으로 2명의 남복(男仆)이 긴 상을 맞들고 있다. 앞에 있는 사람은 얼굴을 안쪽으로 향해 똑바로 서서 걷고 있는데 담홍색 웃옷과 연두색 바지를 입고 있고 머리는 밀었다. 뒷사람은 몸을 밖으로 향해 가고 있는데 그도 머리를 밀고 초록색 웃옷과 하얀색 바지를 입고 있다. 둘 다 소매를 걷어붙이고 있다. 동남 벽 아래쪽에는 무릎을 꿇은 여복이 있는데 상체를 앞으로 기울이고 평상 위의 밀가루 반죽을 두 손으로 밀고 있다. 왼손에 밀방망이를 잡고 오른손 주먹을 반쯤 쥐고 검지로 동그란 반죽을 돌리고 있다. 푸른색 웃옷을 입었는데 가슴은 풀어 헤치고 소매는 걷어붙이고 있으며 하얀색 바지를 입고 있다. 평상의 오른쪽 곁에는 짙은 녹색의 탁자가 있는데 탁상에는 먹줄이 양쪽으로 그려져 있다. 먹줄 중간에는 연쇄 꽃무늬가 그려져 있고 탁자 위에는 음식이 놓여 있다. 탁자는 길이 25cm, 높이 5cm인데 네 다리가 화려하다.

무덤의 동북 벽과 서북 벽에는 세 사람이 그려져 있다. 먼저 동북 벽에는 행랑아범이 있는데 턱수염이 있고 소매를 걷어붙인 양손으로 머리 위의 쟁반을 받치고 있다. 쟁반 위에는 음식과 엎어놓은 그릇 하나가 있다. 몸을 구부리고 바깥쪽으로 가고 있는데 초록색 웃옷에 백색 내의 차림이고 하반신 부분은 떨어져 나가 확인할 수 없다. 서북 벽에 2명의 노복이 있어 안쪽 사람은 밖으로 나가고 있다. 둥근 옷깃의 연녹색 웃옷을 입고 소매를 걷어붙이고 허리에 흰 띠를 묶고 흰 바지, 짚신 차림이다. 바깥쪽 사람은 구부정하게 반쯤 앉아 있는데 머리를 밀고 소매를 걷은 흰 옷차림에 오른손을 통(桶)으로 뻗어 물건을 잡는 모양이다. 두 사람 중간에 크고 작은 세발솥 2개와 단지 하나, 양동이 하나가 그려져 있다. 동 측실에 그려진 사람들의 평균 키는 약 80cm 정도이다(벽화 21).

[벽화 21] 북삼가 1호 무덤 동 측실 서북벽 비음도(備飮圖)

② 북삼가 1호 무덤 용도 서벽의 시봉도(侍奉圖)

용도의 측실 문에는 양쪽으로 한 사람씩 그려져 있다. 남쪽에 그려진 여복은 머리와 웃옷 부분만 남아 있다. 머리에는 매화가 한 송이씩 장식된 비녀 3개를 꽂고 있다. 몸을 옆으로 하여 안쪽을 향해 서 있는데 흰 상의에 푸른 바지 차림이고 오른팔을 들고 있다. 북쪽에 그려진 남복은 붉은 속옷에 연녹색 두루마기를 입고 하얀 장화를 신고 있다. 허리에는 하얀 띠를 묶고 있고 허리 오른쪽에 붉은 패식(佩飾)을 달고 있다. 팔장을 끼고 오른쪽 엄지를 내보이고 있다. 역시 반쯤 몸을 안쪽으로 기울여 서 있다. 그들 외에도 동벽의 측실 양쪽에 여복이 한 명씩 그려져 있다. 남쪽에 있는 여복은 붉은 겉옷에 하얀 속옷을 입고 있고 머리 모양은 서벽의 여복과 같다. 북쪽의 여복은 하얀 치마를 입었고 허리에는 푸른색 넓은 띠에 하얀 꽃 매듭 리본을 묶고 있다. 둘 다 반쯤 몸을 안쪽으로 기울여 서 있다.

③ 하만자 1호 무덤 묘실 연음도

이것은 연결된 화폭으로 연회 장면을 묘사한 것으로, 모두 5폭이며 각각 음식을 준비하는 장면, 음식을 내는 장면, 연회 장면을 표현하였다(그림 4-27).

[그림 4-27] 하만자 1호 무덤 묘실 연음도

ⓐ 하만자 1호 무덤 묘실 서벽 비음도(備飮圖)

묘실 서벽에는 세 사람이 그려져 있다. 우선 왼쪽 첫 번째 사람은 머리 부분이 귀 위쪽은 모두 떨어져 나갔는데, 당연히 여복이고 왼쪽으로 걸어가면서 머리를 돌려 안쪽을 바라본다. 두 손으로 받치고 있는 해당반(海棠盤) 위에는 하얀 잔이 놓여 있다. 교령(交領), 좁은 소매의 검은 두루마기와 흰색에 검은 꽃무늬가 있는 속옷, 붉은색 중단(中單)을 입었다. 두 번째 사람은 청년 남자이고 반쯤 구부린 몸은 밖을 향하고 있다. 선반에서 막 꺼낸 술병을 양손에 들고 냄새를 맡고 있다. 머리를 묶고 좁은 소매의 미황색 두루마기에 붉은 중단을 입었으며 안에는 백색 바탕에 검게 작은 꽃을 그린 두루마기를 입고 검은 장화를 신었다. 세 번째 사람은 탁자의 바깥쪽 모서리에 서 있는데 어깨 위로는 떨어져 나가 확인할 수 없다. 왼손에 붉은 쟁반을 들고 오른손으로는 흰색 수건을 들고 쟁반을 닦고 있다. 교령, 좁은 소매의 옅은 하늘색 두루마기와 붉은 중단을 입고 있다. 두 번째 사람 앞에 술병 거치대가 있는데 네모난 작은 탁자 모양으로 네 다리는 구름판 모양이고 붉은색 면에는 2개의 둥근 구멍이 있다. 왼쪽 구멍에는 파란색 수병(修瓶)이 꽂혀 있고 오른쪽 구멍의 병은 이미 하인이 꺼냈으며, 병 아가리에는 붉은색 봉니를 씌워놨다. 두 번째 사람과 세 번째 사람 사이에 높은 탁자가 있는데 탁자 둘레에는 붉은색 주름의 짧은 휘장을 둘렀고 안쪽 둘레에는 담황색 대나무 잎 모양의 작은 꽃 휘장을 둘렀으며 파란색 띠로 붉은 꽃다발을 묶고 있다. 탁상 오른쪽에 엎어 놓은 붉은 그릇이 있고 중간에 붉은 단지와 검은 단지가 하나씩 있으며 왼쪽에 붉은색 찬합이 하나 있다(그림 4-28, 벽화 22).

[그림 4-28] 하만자 1호 무덤 묘실 서벽 비음도(備飮圖)

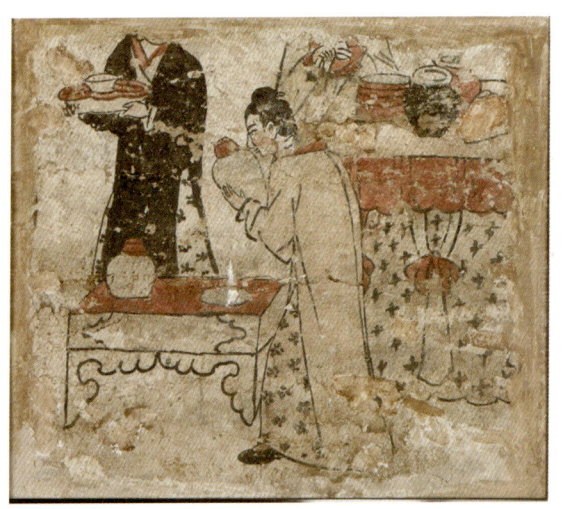

[벽화 22] 하만자 1호 무덤 묘실 서벽 비음도

ⓑ 하만자 1호 무덤 묘실 서북벽 진음도(進飮圖)

병풍에 구관조 2마리가 그려져 있는데, 하나는 매화 가지에 앉아 있고 다른 하나는 가석산에 앉아 있다. 둘은 소리를 맞추어 노래하고 있다. 병풍 왼쪽에 반쯤 왼쪽으로 몸을 돌려 서 있는 여자 한 명이 그려져 있다. 병풍 뒤로 걸어 나가는 모양이고 두 손으로 3단 찬합을 받쳐들고 있는데 위아래는 누런색이고

3장 벽화 내용의 분석   123

가운데는 파란색이다. 교령, 좁은 소매의 짙푸른 두루마기와 붉은 중단을 입고 있고 안에 누런 두루마기를 입은 것이 삐져 보인다. 첨구화(尖口靴)를 신고 있다(그림 4-29, 벽화 23).

[그림 4-29] 하만자 1호 무덤 묘실 서북벽 진음도(進飮圖)

[벽화 23] 하만자 1호 무덤 묘실 서북벽 진음도

ⓒ 하만자 1호 무덤 묘실 북벽 진음도

그림 가운데의 붉은 문은 반쯤 열려 있다. 문틀 양쪽은 연속된 파란색 삼각 안에 빨간 점을 넣는 꽃무늬 틀로 장식되어 있다. 각 문짝에는 4줄의 문정(門釘)과 문고리(鋪首) 하나가 있다. 문 양쪽에는 푸른 마름모살 창이 그려져 있고 아래에는 붉은 구름 테두리를 두른 칸막이 벽이 있다. 문 안팎으로 세 사람이 서 있다. 왼쪽 첫 번째는 젊은 여성이다. 오른쪽 발에 반쯤 몸을 내딛고 걷는 모양새를 취한다. 두 손으로 붉은 잔을 받쳐들고 있고 잔 밑에 푸른 수건이 있다. 비녀를 꽂았고 교령, 좁은 소매, 옅은 누런색의 검은 띠 꽃무늬의 두루마기와 붉은 중단, 엷은 푸른색 속 두루마기를 입고 첨구화를 신고 있다. 표정과 태도가 단정하고 얼굴에 미소를 머금고 있으며 앞에 있는 세 번째 사람을 바라보고 있다. 가운데 역시 젊은 여성으로 오른쪽으로 향하여 두 발을 내딛고 문밖에서 안으로 들어가는 모양이다. 두 손에 붉은색 잔을 들고 있고 교령, 좁은 소매의 연푸른 두루마기, 붉은 중단을 입고 검은 첨족화를 신고 있다. 세 번째 사람은 젊은 남성이다. 몸 반쪽을 왼발 쪽으로 향해 내딛는 모양을 하고 두 손을 가슴께에서 맞잡아 예를 표하고 있다. 머리에는 붉은색과 푸른색의 긴 두건을 묶고 있고 둥근 옷깃, 좁은 소매의 붉은색 두루마기를 입고 검은 허리띠를 묶고 있다. 흰 첨구화를 신고 앞을 바라보고 있는데 공손한 얼굴 표정이다(그림 4-30).

[그림 4-30] 하만자 1호 무덤 묘실 북벽 진음도

[그림 4-30] 모사

ⓓ 하만자 1호 무덤 묘실 동북벽 진음도

　병풍을 보면 구관조 두 마리가 매화 가지에 앉아 있다. 두 마리가 서로 바라보며 앉아 있다. 왼쪽 윗가지의 새는 오른쪽 아래쪽으로 내려다 보고 있고 오른쪽 아랫가지의 새는 고개를 왼쪽으로 하여 윗가지의 새를 보고 있다. 병풍 오른쪽에 한 여자가 있는데 몸을 반쯤 왼쪽으로 향하고 고개를 돌려 밖으로 향한다. 두 발을 내딛고 있는데 가슴께에 천 같은 것이 드리워져 있고 두 손은 그 뒤에 숨겨져 있다. 교령, 검은 꽃의 자색 두루마기에 백색 중단을 입고 안에는 짙푸른 두루마기를 입었다. 머리에 비녀를 꼽고 검은 첨구화를 신었다(그림 4-31).

[그림 4-31] 하만자 1호 무덤 묘실 동북벽 진음도

ⓔ 하만자 1호 무덤 묘실 동벽 연음도

　벽화 속 묘주인은 손을 맞잡고 오른쪽 끝을 향하여 반 측면으로 붉은 나무 의자에 앉았는데 의자의 등받이와 방석은 모두 연푸른색이다. 머리에 복두(幞頭)를 쓰고 둥근 옷깃, 좁은 소매의 자색 두루마기, 흰 중단을 입었으며 흰 장화를 신고 붉은 다리와 푸른 면(面)의 낮은 의자에 걸터앉아 있다. 앞을 보고 있는데 얼굴에는 미소를 띠고 있고 자상한 자태이다. 묘주인이 앉아 있는 나무 의자 뒤에는 한 여복이 서 있는데, 반쪽 몸을 바깥쪽으로 향하게 하고 손을 맞잡고 있다. 교령, 좁은 소매의 검정 두루마기, 붉은 중단, 붉은 속 두루마기를 입고 검은 첨구화를 신고 있다. 탁자 왼편에 있는 여복은 반쯤 몸이 밖을 향하게 서 있다. 고개를 돌려 묘주인 얼굴을 마주하는데 할 말이 있는 것 같다. 그녀는 두 손으로 연꽃무늬의 온완(溫碗)을 받쳐들고 있고 그릇 안에는 푸른색 주전자가 놓여 있다. 교령, 좁은 소매의 붉은 두루마기, 푸른 중단, 검은 속 두루마기를 입고 검은색 신발을 신고 있다. 가운데에 높은 탁자가 있는데 가장자리는 붉고 탁자면은 파랗다. 탁자 아래에는 길고 짧은 층의 푸른 휘장이 있는데 짧은 휘장은 주름져 있고 긴 것은 아래 단이 바닥에 닿는다. 짧은 휘장에서 꽃매듭 수식이 늘어뜨려지고 있다. 탁자 위에는 2개의 빨간색 긴 쟁반이 놓여 있는데, 쟁반 위에는 복숭아 같은 과일이 수북하다. 묘주인 옆에는 붉은 받침에 푸른 잔 한 세트가 있고 검은색 젓가락 한 벌이 있다. 인물의 배경은 붉은 틀에 검은 가장자리를 둔 큰 병풍이고 병풍에는 거란글자가 적혀 있다(그림 4-32, 벽화 24).

[그림 4-32] 하만자 1호 무덤 묘실 동벽 연음도

[벽화 24] 하만자 1호 무덤 묘실 동벽 연음도

④ 하만자 5호 무덤 묘실 연음도

이 벽화에 묘사된 내용은 단계별로 차례대로 식사를 하는 연회 장면이다. 술을 준비하는 장면만 있어 보이지만 하나는 술을 준비하는 것이고 다른 하나는 차를 준비하는 것임을 알 수 있다.

ⓐ 하만자 5호 무덤 묘실 동남벽의 비음도

남자 4명이 그려져 있다. 모두 교각(交脚) 복두를 썼다. 오른쪽 첫 번째 사람은 반쯤 몸을 밖으로 하고 서 있고 두 손으로 큰 그릇을 받쳐들고 있다. 둥근 옷깃, 좁은 소매의 흰 두루마기, 누런 중도를 입고 붉은 허리띠를 묶고 있다. 짧은 수염을 기르고 앞을 바라보며 미소를 짓고 있다. 두 번째 사람은 반쯤 기울인 몸으로 바깥을 향해 서서 안쪽을 돌아보며 네 번째 사람을 내려다보고 있다. 두 손으로 누런 둥근 쟁반을 받쳐들고 있는데 그 위에는 누런 잔 2개가 놓여 있다. 둥근 옷깃, 좁은 소매의 흰 두루마기, 푸른 중도를 입고 붉은 허리띠

[그림 4-33] 하만자 5호 무덤 묘실 동남벽 비음도

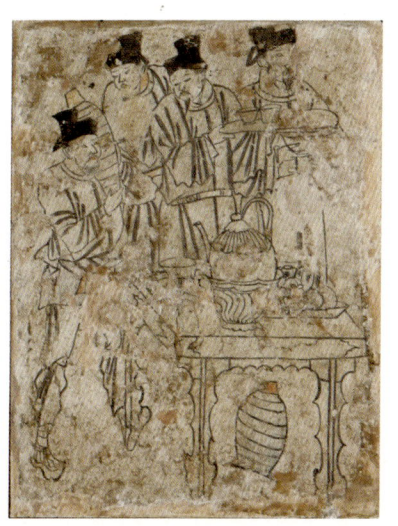

[벽화 25] 하만자 5호 무덤 묘실 동남벽 비음도

를 묶고 있다. 세 번째 사람은 두 번째 사람의 뒤에 서 있는데 움직임은 두 번째 사람과 같다. 둥근 옷깃, 좁은 소매의 연푸른 두루마기, 붉은 중도를 입었고 두 사람 모두 짧은 수염을 기르고 있다. 네 번째 사람은 반쯤 몸을 기울여 바깥쪽으로 발을 내딛어 움직이는 듯하고 두 손으로 수병을 받쳐 왼쪽 어깨 위에 메고 있다. 둥근 옷깃, 좁은 소매의 흰 두루마기 차림인데, 허리 아래 부분을 꼬아 허리 뒤로 묶고 있다. 누런 중도를 입었고 두루마기 안에는 짧은 푸른 상의 차림에 붉은 띠 두 가닥을 늘어뜨리고 있으며 하의는 꼭 끼는 바지이고 짚신을 신고 있다. 긴 구레나룻이 있는 연장자이다. 4인의 사람 앞에 네모난 탁자 하나가 놓여 있는데 구름판 다리이고 톱니 모양의 아래를 따라 모서리에 누런색 테두리를 둘렀다. 탁자 앞에는 입이 굽은 국화무늬 온완(溫碗)이 있는데 주발은 이중으로 새긴 꽃과 같고 밑바닥도 톱니 모양이며 주발 안에 주전자가 하나 놓여 있다. 주전자 어깨 이상은 꽃 모양이고 뚜껑은 꽃꼭지 모양이다. 온완과 주전자는 모두 누런색이고 금속 제품이다. 탁자 뒤쪽의 오른쪽에는 수박 2개, 복숭아 4개, 석류 하나가 놓여 있는 얕은 쟁반이 있다. 왼쪽에는 잔 하나가 놓여 있는 입이 굽은 얕은 쟁반

이 있다. 탁자 아래에는 수병 하나가 반쯤 땅에 묻혀 있다. 사람이 메고 있는 것과 땅에 비스듬히 묻은 수병에는 여러 줄의 와선문(瓦旋紋)이 있고 주황색 진흙으로 봉인되어 있다(그림 4-33, 벽화 25).

ⓑ 하만자 5호 무덤 묘실 서남벽 비음도

모두 네 사람이 그려져 있다. 먼저 왼쪽 첫 번째 사람은 거란 청년이다. 팔짱을 끼고 정면으로 서 있고 머리를 밀었는데 정수리 머리를 땋아 붉은 띠로 묶어 놓았다. 둥근 옷깃, 좁은 소매의 흰 두루마기와 붉은 중단을 입고 허리에는 푸른색 리본을 묶었다. 두 번째 사람이 들고 있는 그릇을 바라보며 진지한 모습이다. 나머지 3명은 모두 한인(漢人) 복장을 하고 있고 머리에는 교각(交脚) 복건을 쓰고 허리에는 붉은 접섭대(蹀躞帶)를 두르고 있다. 모두 밖을 향해 반쯤 옆으로 서서 첫 번째 사람을 바라보며 미소를 짓고 공손한 태도를 보인다. 두 번째 사람은 오른손에 누런 큰 주발을 받들어 첫 번째 사람을 향하게 하고, 왼손을 어깨까지 들어 반쯤 쥐고 있다. 둥근 옷깃, 좁은 소매의 푸른 두루마기를 입고 흰 장화를 신고 짧은 수염을 기르고 있다. 세 번째 사람은 두 손으로 얕은 쟁반을 들고 있고, 쟁반에는 큰 누런 주발이 놓여 있다. 둥근 옷깃, 좁은 소매의 연푸른 두루마기와 주황색 중단을 입고 긴 수염을 기르고 있다. 네 번째 사람은 두 손으

[그림 4-34] 하만자 5호 무덤 묘실
서남벽 비음도

[벽화 26] 하만자 5호 무덤 묘실
서남벽 비음도

로 누런 세(洗)를 받쳐들고 있다. 둥근 옷깃, 좁은 소매의 흰 두루마기와 누런 중단, 흰 장화 차림으로 긴 수염을 기르고 있다(그림 4-34, 벽화 26).

⑤ 라마구 무덤 묘실 서남벽의 비음도

 총 3명의 남자가 그려져 있다. 안쪽 첫 번째 남자는 청년이다. 그는 높은 탁자 뒤에 시 있으며 흰 단지를 들고 있는 왼손을 향해 국자를 든 오른손을 굽혀 국물을 뜨고 있는 모습이다. 둥근 옷깃, 좁은 소매의 푸른 두루마기를 입고 머리에는 짙푸른 두건을 쓰고 하얀 신발을 신고 있다. 두 번째 사람은 연장자이다. 오른손으로 세 번째 사람을 가리키는데 일을 지시하는 것 같다. 둥근 옷깃, 좁은 소매의 붉은 두루마기를 입고 푸른 허리띠를 묶고 하얀 신발을 신고 있으며 머리에 검은 두건을 쓰고 수염을 기르고 있다. 마지막 사람도 청년이고 몸을 화로 쪽으로 구부리고 있는데 오른손에 쇠젓가락을 들고 불을 돋우는 자세를 하고 있다. 둥근 옷깃, 좁은 소매의 푸른 두루마기, 누런 중단을 입고 허리에도 누런 띠를 둘렀는데 발 부분은 떨어져 나갔다. 세 명의 남자 외에도 세 가지 진열품이 그려져 있는데 하나는 길고 높은 탁자이다. 탁자 둘레는 푸른색이고 탁상과 다리는 누런색으로 탁상과 다리가 만나는 지점에는 구름판을 덧댔고 다리 사이에는 가로로 버팀목을 덧댔다. 탁자 머리의 다리에는 세 개를 덧댔고 측면 다리에는 한 개를 덧댔다. 탁상 바깥쪽에는 2단 원형 찬합이 놓여 있는데 아래 것이 크고 위의 것은 작다. 찬합의 안쪽 앞에 둥근 쟁반이 있고 그 위에 흰 주발 3개가 놓여 있다. 뒤쪽 가장자리에 푸른 단지 2개가 있는데 한 단지의 어깨 부분에 흰 상표가 붙어 있다. 탁자 앞에는 누런 술병 거치대가 있는데 위에 3개의 둥근 구멍이 있어 구멍마다 하나씩 짙푸른 수병(修甁)이 꽂혀있고 수병 주둥이에 봉니(封泥)가 있다. 거치대 측면 보호판 위에 복숭아 모양 구멍 3개가 있다. 구멍이 있는 화로는 장방형이고 네 모서리에 곧은 다리가 있다. 화로 안에는 숯불이 불똥을 튀기며 타고 있고 숯불 위에는 푸른색 큰 주전자가 얹혀 있는데 마치 차를 끓이는 것 같다(그림 4-35, 벽화 27).

[그림 4-35] 라마구 무덤 묘실 서남벽 비음도

[벽화 27] 라마구 무덤 묘실 서남벽 비음도

⑥ 라마구 무덤 동남벽의 비음도

무덤 내 벽화 대부분이 떨어져 나가 현재 일부분만 남아 있다. 모두 3명의 거란 남자가 그려져 있다. 가장 먼저 왼쪽 첫 번째 사람은 하반신만 남아 있는데 그 옆에 자루 긴 국자가 보이는 것은 당연히 들어 올리고 있는 모습이고 그는 붉은색 두루마기를 입고 있다. 그 앞에 가장자리가 붉은 높은 탁자가 있는데 이 탁자도 부분적으로만 남아 있다. 두 번째 사람은 반쯤 몸을 안쪽으로 기울여 서 있고 왼손에 수건을 들고 닦고 있는 것 같다. 둥근 옷깃, 좁은 소매의 붉은 두루마기를 입고 누런 허리띠를 묶고 있다. 머리를 밀고 양 귀밑머리를 땋아 내렸으며 팔자수염, 팔자 눈썹에 미소를 띠면서 세 번째 사람을 돌아보는데 할 말이 있는지 입을 벌리고 있다. 세 번째 사람은 큰 대야 뒤에 앉아 있고, 몸은 바깥쪽을 향해 있으며 양손을 대야 쪽으로 뻗어 힘을 쓰고 있는데 고기를 씻거나 자르고 있는 것 같다. 대야에는 불에 구운 다리가 가득하다. 둥근 옷깃, 좁은 소매의 흰 두루마기를 입고 소매를 걷어 올리고, 두 번째 사람을 향해 고개를 들어 말을 건네는 것 같다. 머리를 밀고 땋은 머리 끝을 감아 머리 꼭대기에 교차하여 이마 앞으로 늘어뜨렸다. 왼쪽 첫 번째, 두 번째 사람 앞에 엇갈려 놓은 3개의 세발솥이 있는데 뒤쪽 가장자리의 것이 가장 크고 가운데 것이 가장 깊은데 안에다 구운 다리를 삶고 있다. 솥 밑마다 장작이 한창 타오르고, 불꽃이 활활 타오르고 있다(그림 4-36, 벽화 28).

[그림 4-36] 라마구 무덤 동남벽 비음도

[벽화 28] 라마구 무덤 동남벽 비음도

⑦ 칠가 1호 무덤 묘실 동남벽의 비음도

모두 3명의 여복이 그려져 있다. 오른쪽 첫 번째 사람이 책임자인데 몸을 반쯤 안으로 향해 두 발을 내딛어 움직이는 모양을 하고 왼손에 멜대(扁担)를 들고 오른손에 항아리를 들고 있는데 다른 항아리 하나는 바닥에 놓여 있다. 항아리는 작은 입, 둥근 배 형태이고 겉에는 가는 그물로 덮여있다. 교령, 좁은 소매의 연푸른 두루마기와 흰 중단을 입고 붉은 허리띠를 묶고 하얀 신을 신었다. 두 번째 사람은 몸을 반쯤 안쪽으로 해서 반 무릎을 꿇고 왼손에 막대를 쥐고 솥 밑의 불을 헤치고 입으로 불을 불고 있는 모습이다. 좁은 소매의 연푸른 두루마기에 허리에 붉은 띠를 묶고 짚신을 신었다. 머리는 밀지 않고 귀 뒤로 한 갈래로 땋아 내렸다. 세 번째 사람은 철솥 뒤의 둥근 의자에 정면으로 앉았는데 상체는 바깥을 향해 기울이고 오른발로 작은 탁상을 밟고 있다. 두 손으로 손잡이를 잡고 냄비 안의 음식을 휘젓고 있다. 교령의 검정 두루마기에 흰 바지를 입고 있는데 오른쪽 어깨와 가슴을 노출하고 있다. 얼굴 부분이 심하게 떨어져 나갔다. 세발철솥 아래서 불꽃이 타오르고 있는데 솥 안에 백조의 머리 같은 음식물인지, 회색빛이 보인다. 다시 안쪽을 향해 길고 낮은 탁자가 놓여 있는데 다리는 붉고 탁상은 하얗다. 탁자 위에 쟁반, 주발, 접시, 젓가락 등이 놓여 있고 검은 주발 안에 손잡이가 긴 국자 하나가 놓여 있다. 주발은 흑백 두 가지인데 속에 붉은 음식 혹은 음료가 가득하다. 탁자 중간에 이음새가 있는데 아마도 2개의 작은 탁자를 하나로 한 것 같다. 탁자 뒤에는 대나무 2그루가 비스듬히 나와 있고 탁자 앞에는 가산석 3개가 세워져 있다. 화면의 여백에 화초를 수놓았다(그림 4-37, 벽화 29).

[그림 4-37] 칠가 1호 무덤 묘실 동남벽 비음도

[벽화 29] 칠가 1호 무덤 묘실 동남벽 비음도

⑧ 칠가 1호 무덤 묘실 동북벽의 시봉도(侍奉圖)

　그림 속에 네 사람이 있는데 모두 손을 모으고 몸을 약간 옆으로 해서 안쪽을 향해 서 있다. 안쪽 두 명은 여복이고 바깥쪽 두 명은 남복이다. 바깥쪽 두 명은 작게 그려져 있는데 이는 투시적 화법으로 원근을 표시한 것이다. 오른쪽 첫 번째 사람은 둥근 옷깃, 좁은 소매의 짙푸른 두루마기와 하얀 중단을 입고 붉은 허리띠를 묶고 있다. 띠 끝을 왼쪽 허리춤에 넣어 늘어뜨리고 칼집 같은 것을 달았다. 흰 장화를 신고 머리를 밀었다. 두 번째 사람은 상반신이 떨어져 나갔는데 좁은 소매의 누런 두루마기를 입고 붉은 띠를 두르고 있으며 허리 앞에 서 있는 띠에는 구(扣) 하나가 더해 있고 흰 신을 신고 있다. 세 번째 사람은 교령의 흰 두루마기에 붉은 중단을 입고 허리에는 흰 꽃무늬가 있는 붉은 띠를 둘렀다. 띠 양 끝이 허리 앞쪽에서 두루마기 밑단까지 내려온다. 얼굴은 일부분만 남아 있는데 미소를 짓고 있다. 네 번째 사람은 소매가 좁은 붉은 두루마기를 입고 흰 허리띠를 둘렀는데 띠 양 끝이 허리 앞쪽에서 두루마기 밑단까지 내려온다. 윗부분이 심하게 벗겨져 있다(그림 4-38).

[그림 4-38] 칠가 1호 무덤 묘실 동북벽 시봉도(侍奉圖)

[그림 4-38] 모사

⑨ 칠가 1호 무덤 묘실 서북벽의 연음도(宴飮圖)

[그림 4-39] 칠가 1호 무덤 묘실 서북벽 연음도

묘실 내 벽화가 많이 떨어져 나가 서쪽 위 모서리에 여복만이 남아있다. 여복은 두 손으로 붉은 대탁잔(帶托盞)을 들고 있고 몸을 옆으로 돌려 오른쪽을 향해 서 있다. 그녀의 옷차림을 보면 교령, 좁은 소매의 누런 두루마기를 입고 머리를 높이 틀어 올렸다. 얼굴과 눈이 맑고 빼어나다. 뒤에는 사각(斜角)의 병풍이 있는데 화초 수묵화가 그려져 있다. 이것은 묘주인의 연음 부분으로, 남아 있는 여복은 주인의 연회에 잔을 바쳐 시봉하는 것이다(그림 4-39).

⑩ 칠가 1호 무덤 묘실 서북벽의 연음도

벽화 속에는 세 사람이 있다. 오른쪽 첫 번째 사람은 남복이고 몸을 반쯤 왼쪽으로 향해 서 있다. 두 손을 맞잡아 예를 표하고 있다. 머리에 연각건(軟角巾)을 쓰고 둥근 옷깃, 좁은 소매에 검정 꽃무늬가 있는 푸른 두루마기, 하얀 신발 차림이다. 허리 부분은 떨어져 나갔는데 짧은 수염의 얼굴에 미소를 띠고 있다. 두 번째 사람도 남복이다. 역시 왼쪽을 향해 서 있는데 가슴 부분이 떨어져 나갔고 두 손을 허리띠 부분에 늘어뜨리고 있는데 띠를 들어 올리는 형상이다. 머리에 검은 연각모(軟角帽)를 쓰고 둥근 옷깃, 좁은 소매의 담황색 두루마기를 입었으며 허리 아랫부분에 붉은 비단 띠를 두르고 있고 검은 신을 신었다. 마지막 사람은 많이 떨어져 나가서 가슴 부분만 남아 있는데 두 손으로 검은색 쟁반을 들고 있다. 쟁반의 내벽은 붉고 뚜껑이 있는 하얀 주발 하나가 놓여 있다. 교령(交領)의 붉은 두루마기와 녹색 중단를 입고 있는데 안쪽을 행해 서 있는 두 사람보다 작다. 성별을 구별하기 어려우나 옷차림으로 보아 여성으로 보인다. 배경에 작은 붉은 꽃이 그려져 있다(그림 4-40).

[그림 4-40] 칠가 1호 무덤 묘실 서북벽 연음도

[그림 4-40] 모사

⑪ 칠가 2호 무덤 묘실 서남벽의 비음도

　벽화가 이미 심하게 파손되어서 현재는 일부분만 남아 있다. 시봉자는 4-5인인데 보존이 잘 되고 있는 것은 오른쪽 첫 번째 사람뿐으로 거란 남성 하인이고 얼굴 부분은 떨어져 나갔다. 약간 구부러진 두 가닥의 땋은 머리만이 귀밑에서 가슴 위로 흘러내린다. 오른손을 가슴 앞으로 올려 손가락을 모두 펴고 왼손으로 오른 손바닥을 가리키고 있다. 둥근 옷깃, 좁은 소매의 푸른 두루마기와 붉은 중단을 입고 허리에는 주황색 띠를 두르고 있는데 띠를 두르기 전에 왼쪽 허리에 장방형의 누런 주머니를 찼다. 허리 오른쪽 띠 아래에는 위에서 아래쪽으로 비스듬하게 작은 주머니가 달려 있고 검정 신을 신고 있다. 그 왼쪽에 한 사람이 서 있는데 머리와 상체 대부분이 떨어져 나갔고 단지 연분홍색 두루마기와 검은 신만 보인다. 오른쪽 사람의 손 모양에 의하면 그 둘은 대화 중인 것 같다. 두 사람 앞에 장방형의 작은 탁자가 놓여 있는데 탁자 둘레는 주황색이고 탁상은 흰색이다. 탁자 위 오른쪽에 입이 구부러진 타원형 해당반(海棠盤) 하나가 놓여 있는데 해당반에는 입이 구부러진 작은 잔 2개가 놓여 있다.

왼쪽에는 구부러진 입의 연꽃무늬 온완(溫碗) 하나가 있는데 안에 앙연문(仰蓮紋) 주전자가 놓여 있다. 쟁반, 주발, 주전자, 잔은 모두 누런색이다. 더 왼쪽에 술독이 2줄로 놓여 있는데 모두 비스듬한 방향으로 차례로 놓여 있고 반은 검은 거치대에 꽂혀있다. 술독은 연녹색이고 주황색 봉니가 있다. 술독 뒤에 두 사람이 서 있는데 옷만 일부 보일 뿐이다. 왼쪽 사람은 녹색 두루마기를 입고 허리에 붉은 띠를 두른 것 같고 오른쪽 사람은 짙푸른 두루마기를 입고 있다(그림 4-41).

[그림 4-41] 칠가 2호 무덤 묘실 서남벽 비음도

[그림 4-41] 모사

⑫ 칠가 2호 무덤 묘실 동남벽의 비음도

　벽화 속에 다섯 사람이 있는데 앞에 4명이 있고 뒤에 1명이 있다. 오른쪽 두 사람은 심하게 떨어져 나가 하의 부분만 남아 있다. 앞줄 왼쪽 첫 번째 사람은 여복으로 몸을 반쯤 안쪽으로 기울여 서 있다. 양손으로 잔 같이 생긴 누런 둥근 쟁반을 받쳐들고 있는데, 그 위에 잔이 하나 올려 있다. 교령, 넓은 소매의 연푸른 두루마기와 붉은 중단을 입고 검은 신을 신었다. 머리에는 둥글고 검은 연각건을 쓰고 이마 앞에서 머리 뒤로 넓은 녹색 띠를 묶고 있다. 바짝 붙어 있는 2번째 사람도 여복이다. 반쯤 몸을 굽히고 고개를 숙여 밖을 향해 서 있다. 두 손을 치켜들었는데 마치 물건 하나를 집어 밖을 향해 3번째 사람에게 건네주려는 것 같다. 교령, 넓은 소매의 누런 두루마기와 붉은 중단을 입고 짙푸른 띠를 허리에 둘렀다. 검은 신을 신고 머리에도 짙푸른 각건을 썼으며 이마에서 머리 뒤로 연푸른 띠를 묶었다. 용모가 준수하고 가는 눈썹에 눈이 빼어나다. 3번째와 4번째 사람은 옷 한 귀퉁이만 남아 있어 3번째 사람은 푸른색 두루마기를 입고 있고 4번째 사람은 진한 홍갈색 두루마기 차림이다. 첫 번째와 두 번째 사람 뒤에 한 남복이 서 있는데 머리는 아래를 향하고 둥근 옷깃의 누런 두루마기를 입고 있다. 머리를 깎았으나 머리 위에 짧은 머리카락이 있고 이마 앞머리도 짧게 잘랐으며 귀밑머리에 한 가닥 긴 머리카락이 있다. 짧은 콧수염에 한쪽 눈은 부릅뜨고 한쪽 눈은 약간 감은 채로 근심스런 표정을 하고 있다(그림 4-42).

[그림 4-42] 칠가 2호 무덤 묘실 동남벽 비음도

⑬ 칠가 2호 무덤 묘실 동북벽의 남시도(男侍圖)

벽화에는 한 명의 거란 남성 하인이 몸을 반쯤 안쪽을 향해 서 있다. 가장자리가 넓고 배가 얕은 누런 대야를 두 손으로 들고 있다. 둥근 검은 모자를 쓰고 물결 모양으로 구부러진 두 가닥 땋은 머리칼이 귀밑에서 어깨 쪽으로 내려간다. 둥근 옷깃, 좁은 소매의 주황색 두루마기를 입고 허리에는 삼각무늬 푸른 띠를 묶고 하얀 신을 신었다. 뚱뚱하고 목이 짧지만 용모가 수려하고 미소를 띠고 있다(그림 4-43, 벽화 30).

[그림 4-43] 칠가 2호 무덤 묘실
동북벽 남시도(男侍圖)

[벽화 30] 칠가 2호 무덤 묘실
동북벽 남시도

⑭ 칠가 5호 무덤 묘실 서벽의 비음도

앞에는 누런 술병 거치대가 있고 그 위에는 2줄로 엇갈리게 꽂아놓은 수병 6개가 있는데 병 주둥이에는 붉은 봉니가 있다. 병 뒤에 두 사람이 서 있는데 왼쪽 사람은 몸을 반쯤 오른쪽으로 향해 서서 두 손으로 고족반(高足盤)을 들고 있다. 머리에 검은 건책(巾幘)을 쓰고 귀밑머리에서 가는 머리카락 한 묶음이 귀밑까지 늘어뜨려져 있다. 교령, 넓은 소매의 푸른 두루마기와 분홍색 소맷부리, 짙푸른 중단 차림에 누런 허리띠를 둘렀다. 눈썹은 가늘고 여복처럼 얼굴에 근심을 띄었다. 오른쪽 사람은 몸을 반쯤 왼쪽을 향해 서 있고 가슴 위쪽 부분은 떨어져 나갔다. 두 손으로 엎어놓은 푸른 대야 같은 물건을 받쳐들고 있다. 좁은 소매의 누런 두루마기를 입고 붉은 허리띠를 맸는데 띠 오른쪽에 주머니 하나를 매달고 있다(그림 4-44).

[그림 4-44] 칠가 5호 무덤 묘실 서벽 비음도

[그림 4-44] 모사

⑮ 칠가 5호 무덤 서남벽의 비음도

벽화의 상반부는 전부 떨어져서 현재는 벽화의 하반부만 남아 있다. 하반부를 보면, 앞에는 붉은색 작은 조탁(條卓)이 있는데 탁자 왼쪽에 뒤집어 놓은 큰 백색 주발 3개가 있고 오른쪽에는 흰색의 긴 쟁반이 있다. 탁자 뒤에는 검은 신을 신은 세 사람이 서 있는데 신발 위쪽은 떨어져 나갔다. 왼쪽 두 사람은 오른쪽을 향해 서 있고 왼쪽 사람은 오른쪽을 향해 서 있다. 왼쪽 첫 번째 사람은 푸른 두루마기를 입고 있다(그림 4-45).

[그림 4-45] 칠가 5호 무덤 서남벽 비음도

⑯ 양산 1호 무덤 묘실 연음도

이것은 단계별로 차례대로 음식을 먹는 실내 연회 장면을 묘사한 것으로, 산악(散樂) 장면이 있는 유일한 연회도이다(그림 4-46).

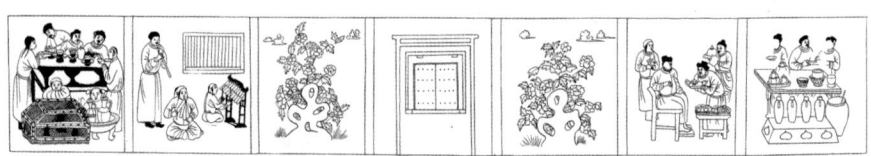

[그림 4-46] 양산 1호 무덤 묘실 연음도

ⓐ 양산 1호 무덤 묘실 서남벽의 비음도

 벽화 속에는 7명의 사람이 있는데 5명은 성인 남자이고 2명은 남녀 어린이이다. 성인 남자 5명은 뒤에 있는데 높은 탁자 주위에 서 있다. 탁자 뒤에 3명, 양쪽에 한 명씩 서 있다. 탁자 뒤 오른쪽에서 첫 번째 사람은 정면으로 서 있다. 약간 머리를 숙여 얼굴이 탁자 오른쪽에 있는 사람을 행하는데 입을 약간 벌린 것이 말을 하는 것 같다. 둥근 옷깃의 흰 두루마기와 붉은 중단을 입고 머리에는 복두(幞頭)를 쓰고 짧게 콧수염을 길렀다. 가운데 사람은 반쯤 오른쪽으로 향해 있고 머리에는 둥근 검은 모자를 썼다. 둥근 옷깃의 흰 두루마기와 흰 중단을 입고 짧은 콧수염이 있으며 얼굴은 탁자 오른쪽에서 뭐라고 말하려는 사람을 향하고 있다. 3번째 사람은 몸을 반쯤 왼쪽으로 향해 상체를 앞쪽으로 구부리고 고개를 숙여 얼굴이 탁자 오른쪽 사람을 향해 있는데 말을 하려고 하는 것 같다. 두 손으로는 일을 하고 있다. 둥근 옷깃의 흰 두루마기에 붉은 중단을 입고 둥근 검은 모자를 쓰고 짧은 콧수염이 있다. 탁자 오른쪽 사람은 왼쪽을 행해 서 있다. 왼손으로 작은 잔을 들어 탁자 위에다 두고 있다. 둥근 옷깃, 좁은 소매의 흰 두루마기를 입고 허리에 붉은 띠를 묶었다. 머리를 밀고 양쪽 귀밑머리와 뒷꼭지에 한 갈래씩 머리를 땋아 내렸다. 탁자 왼쪽의 사람은 오른쪽을 향해 서 있고 두 손으로 과일이 담긴 둥근 쟁반을 받쳐들고 있다. 둥근 옷깃, 좁은 소매의 흰 두루마기를 입고 허리에는 흰 띠를 묶고 검은 전모(氈帽)를 쓰고 머리를 밀었다. 땋은 머리는 모자챙 아래로 늘어져 있고 검은 신을 신었다. 탁자 위에는 뚜껑 달린 잔 4개, 띠로 덮은 단지 하나, 쟁반 하나, 주발 하나가 놓여 있다. 쟁반에는 과일이 담겨있고 왼쪽 2번째 잔에는 대추가 가득하다. 탁자 앞 왼쪽의 머리 깎은 남자아이는 팔짱을 끼고 대나무 상자 위에 손을 얹고 아래턱을 손목에 대고 두 눈을 꼭 감고 잠을 자는 모양이다. 대나무 상자는 죽간(竹竿) 구조로, 격자 모양의 덮개에 아래에는 술이 달려있고 윗부분은 경사져(斜坡式) 있다. 여자아이는 오른쪽에 있다. 큰 화로 두, 세 걸음 뒤에 쭈그리고 앉아 불을 쑤석이며 찻물을 끓이고 있다. 머리는 두 갈래로 쪽을 지고 두 눈은 화로 위에 놓인 과능호(瓜棱壺) 두 개를 바라보면서 모퉁이를 쳐다보고 있다. 주전자 모두 뚜껑이 있는데 오른쪽은 연꽃 모양의 뚜껑이고 왼쪽은 배에 물결무늬를 한 바퀴 더했다(그림 4-47, 벽화 31).

[그림 4-47] 양산 1호 무덤 묘실 서남벽 비음도

[벽화 31] 양산 1호 무덤 묘실 서남벽 비음도

ⓑ 양산 1호 무덤 묘실 서벽의 주악도(奏樂圖)

그림의 3명 연주자는 모두 거란 남자이다. 창문 아래와 왼쪽에 사람을 그렸다. 창문 아래의 2사람은 모두 앉아 있다. 오른쪽 첫 번째 사람은 몸을 반쯤 안으로 향해 앉아 있고 두 손으로 북채를 잡고 방향(方響)을 치고 있다. 둥근 옷깃, 좁은 소매의 흰 두루마기를 입고 허리에는 붉은 비단띠를 묶고 머리를 밀고 양 귀밑머리와 머리 뒤에서 각각 한 가닥씩 땋아 늘어뜨리고 있다. 혼신을 다해 연주하는 모습이다. 방향은 검은색에 건반 2줄이 있는데 줄마다 각가 8개의 건반이 있다. 두 번째 사람은 정면에 앉았는데 얼굴이 약간 안쪽을 향한다. 두 손으로 붉은색 박(拍)을 치고 있는데 두 눈으로 박을 바라보고 있는 것이 혼신을 다해 연주하는 모습이다. 둥근 옷깃, 좁은 소매의 흰 두루마기를 입고 흰 허리띠를 묶었다. 세 번째 사람은 창문의 왼쪽에 서서 두 손으로 퉁소를 잡고 불고 있다. 가장자리가 말린 검은 모자를 쓰고 있고 양쪽 귀밑머리가 삐쭉삐쭉 나와 있다. 짧은 콧수염에 둥근 옷깃, 짧은 소매의 흰 두루마기를 입고 붉은 허리띠를 매고 검은 신을 신었다(그림 4-48, 벽화 32).

[그림 4-48] 양산 1호 무덤 묘실 서벽 주악도

[벽화 32] 양산 1호 무덤 묘실 서벽 주악도

ⓒ 양산 1호 무덤 묘실 동벽의 연음도

　벽화 속에는 4명의 남자가 있다. 그 중에 묘주인은 반쪽 몸을 오른쪽으로 돌려 벽돌을 반부조로 쌓아 만든 검은 의자에 앉아 있다. 오른팔 팔꿈치는 의자 등받이에 대고 왼손은 왼쪽 무릎을 누르고 있다. 둥근 옷깃, 좁은 소매의 붉은 두루마기와 흰 중단을 입고 허리띠를 졸라매고 있으며 붉은 신을 신은 발로 작고 붉은 네모 걸상을 밟고 있다. 머리에 복두를 썼는데 얼굴 부분은 많이 떨어져 나가 눈썹과 긴 구레나룻만 볼 수 있다. 그 뒤에 두 손으로 바리를 받치고 있는 거란인 한 명이 반쪽 몸을 오른쪽으로 향해 서 있다. 둥근 옷깃, 좁은 소매의 흰 두루마기를 입고 흰 띠로 허리를 묶고 붉은 신을 신었다. 머리는 밀었고 짧은 수염이 있으며 얼굴에 미소를 띠고 쟁반을 받쳐든 사람 쪽을 바라보고 있다. 묘주인 앞에 있는 시봉자는 몸을 구부려 묘주인을 바라보고 있다. 두 손으로 입이 구부러진 작은 잔의 해당반을 받쳐들고 묘주인의 음주를 시중들고 있다. 머리에 교각 복두를 쓰고 둥근 옷깃, 좁은 소매의 하얀 두루마기를 입고, 허리에는 끈을 꽉 동여매고 하얀 신발을 신었다. 짧은 콧수염을 기르고 얼굴에는 흠모의 정이 가득하다. 그의 뒤에 거란 남자 하나가 반쪽 몸이 안을 향하게 서서 묘주인을 바라보고 있다. 두 손으로 방건(方巾) 같은 사각 쟁반을 받들고 있는데 위에는 목이 없는 작은 뚜껑이 달린 큰 단지가 놓여 있다. 가장자리가 말린 검은 전모(氈帽)를 쓰고 둥근 옷깃, 좁은 소매의 흰 두루마기를 입고 흰 허리띠로 묶었으며 옷자락을 허리춤에 쑤셔 넣고 있다. 머리를 밀고 짧은 수염을 길렀다. 묘주인 앞에는 벽돌을 반부조로 쌓아 만든 작고 검은 탁자가 있다. 그 탁자 앞쪽에 자모구(子母口)의 검은색 둥근 쟁빈이 있고 그 위에 수박 3개가 있다. 뒤쪽에는 입이 굽은 죽편식(竹編式) 쟁반이 놓여 있고 그 안에 석류, 복숭아, 대추 등의 과일이 많이 담겨있다. 복숭아나 석류와 같은 어떤 과일 꼭지에는 아직 잎이 달려 있다(그림 4-49, 벽화 33).

[그림 4-49] 양산 1호 무덤 묘실
동벽 연음도

[벽화 33] 양산 1호 무덤 묘실 동벽 연음도

ⓓ 양산 1호 무덤 묘실 동남벽의 비음도

　전체 화면이 흐릿하여 명확하지 않은데 벽화 속에는 3명의 남자 시중이 높은 탁자 뒤에 서 있다. 왼쪽 첫 번째 사람은 안쪽을 향해 반측면으로 서 있는데 두 손으로 사각 쟁반을 받들고 있다. 둥근 옷깃의 흰 두루마기를 입었는데 얼굴 부분은 떨어져 나갔고 머리에는 교각 복두를 쓰고 있다. 두 번째 사람은 바깥쪽을 향해 측면으로 서 있는데 몸을 앞으로 숙인 채 작은 잔이 놓여 있는 얕은 쟁반을 받들고 있다. 둥근 옷깃의 흰 두루마기를 입고 허리를 묶었으며 머리에는 가장자리가 말린 검은 전모를 쓰고 있다. 얼굴은 세 번째 사람을 마주 대하고 있는데 말을 하는 것 같다. 세 번째 사람도 안을 향해 반측면으로 서서 가슴께에 두 손을 맞잡고 있는데 두 번째 사람이 받들고 있는 쟁반을 받으려는 것 같다. 얼굴 부분은 떨어져 나갔고 교각 복두를 쓰고 몸에는 둥근 옷깃, 좁은 소매의 흰 두루마기를 입고 있다. 탁자 왼쪽에는 입이 굽은 긴 쟁반이 있는데 안에 작은 과능관(瓜棱罐)이 놓여 있고 오른쪽 탁자 모서리에는 연꽃무늬 온완(溫碗)이 놓여 있다. 온완 하나에는 호(壺)가 들어 있고 탁자 오른쪽 모서리에 잔이 하나 놓여 있다. 탁자 앞 바닥에는 4개의 구멍이 있는 술병 거치대가 있어 구멍마다 수병이 하나씩 꽂혀있고 병 입구는 진흙으로 봉했다. 봉니 아래에는 각각 장방형의 흰색 작은 쪽지가 하나씩 붙어 있고 봉니와 쪽지 모두에 백회로 표식을 했다. 술병 거치대는 장방복두형(長方覆斗形)으로 누런색에 나무 무늬를 그렸다. 측면에 3개의 복숭아 모양 구멍이 있고 양 끝에는 각각 1개의 구멍이 있다. 술병 거치대의 오른쪽에 큰 항아리가 하나 있고 안에 막대 하나가 비스듬히 놓여 있다(그림 4-50).

[그림 4-50] 양산 1호 무덤 묘실 동남벽 비음도

⑰ 양산 1호 무덤 천정 서벽의 연음도

벽화 속에는 7명의 남자가 있다. 색을 칠하지 않고 먹으로만 묘사하였다. 인물은 상하 두 줄로 나뉘어 있다. 윗줄에 세 사람이 있는데 맨 오른쪽 사람의 허리 이상 부분은 떨어져 나갔는데 흰 두루마기에 검은 신을 신고 있다. 그 옆의 두 사람은 낮은 탁자를 들고 있다. 왼쪽 사람은 소매를 걷어 올리고 상체는 앞으로 구부리고 있으며 둥근 옷깃의 두루마기를 입고 허리띠를 묶고 옷자락을 허리춤에 쑤셔 넣고 있다. 머리는 밀었고 아래를 바라보고 있다. 탁자 뒤에 서 있는 사람은 이미 대부분이 떨어져 나가서 사람의 형체를 알아볼 수 없다. 탁상을 향해 정면으로 서 있는데 둥근 옷깃의 두루마기 차림에 머리는 밀었다. 탁자 위에는 굽은 입 자모구(子母口)의 검은색 찬합 2개가 놓여 있는데, 합 옆면에는 모두 편도형 구멍 3개가 뚫려있다. 왼쪽 찬합에는 찐빵 3개가 들어있고 오른쪽 찬합에는 만두 3개가 들어 있다. 탁자 안쪽에는 젓가락 한 쌍, 칼모양 물건 1개, 배가 깊은 큰 주발 1개와 작은 주발 3개가 놓여 있다. 아랫줄 왼쪽 첫 번째에는 다리가 길고 배가 깊은 큰 세발솥이 있고 솥 안에서 살이 붙은 짐승 다리

2개가 드러난다. 솥 뒤에 한 사람이 서 있는데 굽힌 몸 반쪽이 밖을 향하도록 서서 고개를 숙여 솥 안을 바라보면서 걷어붙인 소매의 두 손으로 막대를 쥐고 솥에 넣어 힘껏 휘젓고 있다. 교령, 좁은 소매의 두루마기를 입고 허리띠를 묶고 머리를 밀었으며 짧게 수염을 길렀다. 오른쪽에 있는 사람은 반쪽 몸을 바깥쪽으로 하여 작은 네모 걸상에 앉아 왼손으로 다리 위에 올려진 둥근 쟁반을 잡고 오른손으로 젓가락을 들고 있다. 둥근 옷깃, 좁은 소매의 두루마기를 입고 교각 복두를 쓰고 검은 신을 신었다. 눈썹을 치켜올리고 앞에 쪼그려 앉아 있는 사람을 바라보며 미소를 짓는데 수염을 짧게 길렀다. 쪼그려 앉아 있는 사람은 앞에 작고 네모난 상을 하나 놓고 오른팔 소매를 걷어 올리고 손에 칼을 들고 고기를 자르고 왼손으로는 고기를 잡고 있다. 교령, 좁은 소매의 두루마기를 입고 방각건(方角巾)을 쓰고 눈썹을 치켜올리고 상을 바라보며 미소를 짓고 있는데 수염을 짧게 길렀다. 그 뒤로 한 사람이 몸을 숙여 서 있는데 의자에 앉은 사람 쪽으로 하여 두 손으로 둥근 쟁반을 받치고 있다. 쟁반에는 3개의 검은 종지가 놓여 있다. 둥근 옷깃, 좁은 소매의 두루마기를 입고 허리띠를 묶었으며 머리를 밀고 짧은 콧수염을 기르고 있는데 공경의 눈빛으로 앉아 있는 사람을 바라보고 있다(그림 4-51, 벽화 34).

[그림 4-51] 양산 1호 무덤 천정 서벽 연음도

[벽화 34] 양산 1호 무덤 천정 서벽 연음도

⑱ 양산 2호 무덤 천정 서벽의 연음도

　벽화 속에 3명의 남자가 있다. 오른쪽 첫 번째 사람은 반측신을 밖으로 하여 쪼그려 앉아 두 손으로 나무막대를 잡아 꺾고 있다. 그는 둥근 옷깃, 좁은 소매의 진홍색 두루마기를 입고 검은 신을 신고 머리는 밀고 짧은 수염을 기르고 있다. 가운데 있는 사람은 대부분 떨어져 나갔는데 반측신을 안쪽으로 하여 서서 몸을 굽히고 오른손을 큰 단지 쪽으로 펴서 물건을 집고 있는 모습이다. 둥근 옷깃, 좁은 소매의 흰 두루마기를 입고 있다. 세 번째 사람은 반측신을 안쪽으로 하여 진홍색의 둥근 걸상에 앉아 있는데 복두를 쓰고 담홍색 두루마기 차림이다. 세 사람 중 가장 존귀한 자로 묘주인으로 보인다. 남벽 서쪽에 세 사람이 그려져 있는데 단지 하반신만 남아 있다. 연주자들인 것 같다. 왼쪽 첫 번째 사람은 흰 두루마기에 붉은 신을 신었고 두 번째 사람은 붉은 두루마기에 검은 신을, 세 번째 사람은 흰 두루마기에 검은 신을 신었다. 세 사람 모두 허리띠를 묶었다(그림 4-52).

[그림 4-52] 양산 2호 무덤 천정 서벽 연음도

⑲ 양산 3호 무덤 천정 서벽의 연음도

　벽화 속에 4명의 남자가 있는데 장식으로 보아 모두 거란 남자이고 4개의 붉은 기둥으로 받쳐진 뾰족한 천정의 흰 천막 아래에서 움직이고 있다. 천막의 가운데 기둥은 굵고 가장자리의 세 기둥은 비교적 가늘다. 지붕 꼭지의 둥근 구슬 위에 둥근 꼭지를 더해 사파사산식(四坡斜山式)이다. 왼쪽 첫 번째 사람은 반측신을 안으로 하여 둥근 걸상에 앉아 있는데 걸상은 붉은색이고 위에는 연녹색의 두터운 깔개를 더했다. 팔짱을 끼고 검은 전모를 쓰고 둥근 옷깃, 좁은 소매의 검은 두루마기를 입고 파란 허리띠를 묶고 검은 신을 신었다. 눈썹이 짙고 수염을 기르고 앞을 보고 있으며 얼굴은 엄숙하다. 2번째 사람은 두 발을 벌리고 반측신으로 세발높은솥 뒤에 서 있다. 소매를 걷어 올렸고 오른손으로 왼팔의 소매를 걷어 올리고 있으며 왼손 다섯 손가락을 쫙 펴고 있는데 솥 안에 있는 고기를 취하려는 모습이다. 입에는 칼을 물고 있다. 머리를 밀고 양 갈래 땋은 머리를 정수리에 꼬아 놓았다. 교령, 좁은 소매의 연푸른 두루마기를 입었는데 두루마기 하단을 허리 앞에 끼워 끈으로 묶고 있다. 황갈색의 중단 속옷 두 겹이 드러나는데 바깥쪽은 주황색이고 안쪽은 연푸른색이며 통이 좁은 바지를 입고 하얀 신을 신고 있다. 평평한 눈썹, 가느다란 눈의 얼굴로 3번째 사람을 마주 보고 있다. 3번째 사람과 4번째 사람은 앞뒤로 교차해 있다. 3번째 사람은 반쪽 측신을 밖으로 하여 붉은 기둥 뒤에 서서 손가락으로 2번째 사람을 가리키며 입을 약간 벌리고 있어 무슨 말을 하는 것 같다. 둥근 옷깃, 붉은 소매의 녹색 두루마기를 입고 허리띠를 묶고 머리를 밀었으며 짧은 콧수염이 있다. 4번째 사람은 반쯤 쪼그리고 앉아 두 손으로 나뭇가지를 잡고 분지르고 있는데 오른발을 앞으로 뻗어 나뭇가지를 밟아 누르고 있다. 가지는 이미 부러져 있고 그 곁에는 작은 나뭇가지 더미가 수북이 쌓여 있다. 그는 교령, 좁은 소매의 하얀 두루마기와 푸른 속옷을 입고 주황색 좁은 바지에 검은 장화를 신고 있다. 장화 앞쪽은 무릎 아래부터 뒤까지 'V'자 형이고 다리 위쪽 일부분만 노출하고 있다. 4사람이 검은 가마솥 주위를 둘러싸고 있고 솥 4개를 아치 모양으로 벌려 놓았다. 그중 3개는 작고 한 개는 크다. 큰 솥 안에서 돼지 다리 3대가 보인다. 모든 솥 밑에서는 불꽃이 활활 타오르고 있고 쪼그리고 앉아 나무를 추스리는 자가 바로 이 4개 솥의 불을 지피는 사람이다(그림 4-53, 벽화35).

[그림 4-53] 양산 3호 무덤 천정 서벽 연음도

[벽화 35] 양산 3호 무덤 천정 서벽 연음도

⑳ 양산 3호 무덤 천정 동벽의 연음도

검은 두루마기를 입는 연장자가 둥근 걸상에 단정하게 앉아 있다. 다만 허리에 푸른 띠를 묶고 있다. 왼쪽에 2명의 시녀가 있는데, 그중 오른쪽 시녀는 그늘막 한가운데 붉은 기둥 앞에 기대어 앉아 왼손으로 흰 쟁반을 들고 오른손으로는 국자를 잡고 쟁반 안의 음식을 먹으려 하고 있다. 그 앞에는 한 무더기의 장방형 붉은 찬합이 쌓여 있는데 모두 5첩이다. 고개를 약간 숙이고 왼쪽을 바라보고 있다. 왼쪽 시녀는 반측신을 밖으로 하여 서서 두 손을 들어 머리 위의 붉은 큰 쟁반을 떠받치고 있는데 쟁반에는 고기가 가득 담겨있다. 넓은 옷깃, 좁은 소매의 짧은 연푸른 옷을 입었는데 안에는 교령의 푸른 옷을 입고 아래는 연분홍 긴 치마를 입었다. 치마 윗부분이 가슴에 있고 상의 겉옷 아랫단에 넓은 띠가 서로 맞물려 있으며 2개의 띠를 아래로 늘어뜨리고 있다. 검은 신을 신고 있다(그림 4-54, 벽화 36).

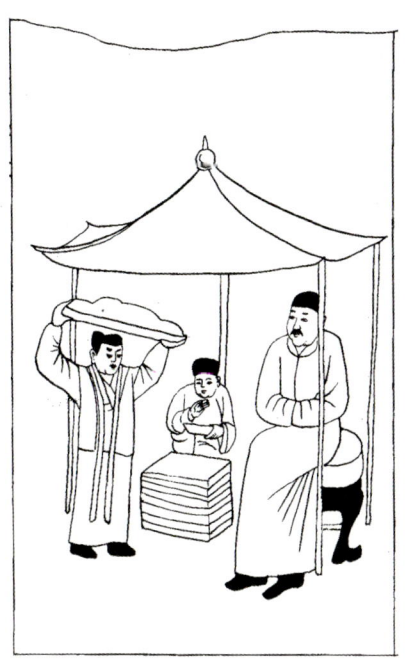

[그림 4-54] 양산 3호 무덤
천정 동벽 연음도

[벽화 36] 양산 3호 무덤 천정 동벽 연음도

㉑ 산저 무덤 묘실 서북벽의 비음도

두 사람과 대단히 큰 수병 하나를 그렸다. 먼저 오른쪽 사람은 반측신을 왼쪽으로 하여 두 무릎을 꿇고 두 손으로 검은 쟁반을 들고 있는데 쟁반 위에는 흰 종지가 놓여 있다. 경청하는 모습이고 둥근 옷깃, 좁은 소매의 푸른 두루마기를 입고 붉은 허리띠를 하고 흰 바지를 입었으며 검은색 둥근 모자를 썼다. 머리 뒤로 두 가닥 검은 띠가 나부끼고 있고 얼굴에 붉은 칠이 있다. 왼쪽에 있는 사람은 정면으로 서 있는데 왼쪽을 돌아보고 있다. 두 손은 몸 오른쪽에

서 검은 쟁반을 들고 있는데 위에는 흰 장류(長流) 집호(執壺)가 놓여 있고 집호 위에는 가로로 와릉문(瓦楞紋)이 있다. 그는 둥근 옷깃, 좁은 소매의 연회색 두루마기를 입고 붉은 허리띠를 묶고 흰 장화를 신고 있으며 머리에 검은색 둥근 모자를 쓰고 있다. 머리 뒤로 검은 띠 한 줄이 나부끼고 있다. 그 사람 옆에 있는 둥근 대(台)는 가장자리는 붉고 상면은 흰색이다. 위에 붉은 두반(豆盤)이 놓여 있고 쟁반 위에 손잡이가 굽은 숟가락이 놓여 있다. 다시 왼쪽에 대단히 큰 수병이 있는데 그 높이가 거의 사람 키만하다. 수병은 검은색이고 입도 작고 바닥도 작은데 붉은 마개 띠 매듭이 있고 목에는 가는 붉은 끈이 있고 아랫부분에는 붉은 테두리가 있다(그림 4-55, 벽화 37).

[그림 4-55] 산저 무덤 묘실 서북벽 비음도

[벽화 37] 산저 무덤 묘실 서북벽 비음도

㉒ 육간방 무덤 묘실 연음도

 이것은 궁려(穹廬) 안의 연회 장면을 묘사한 것이다. 총 2폭의 화면으로, 각각 음료 준비와 연회를 표현하였다. 2폭의 화면 사이에 외짝 문이 그려져 있다. 붉은색 넓은 띠로 문틀을 표시하고 문턱은 2개의 먹줄로 표시하였다. 문 윗부분은 마름모꼴 격심(格心)이고 가운데는 말두(抹頭), 아랫부분 군판(裙板), 윗부분 양 옆은 꽃잎 모양이다(그림 4-56).

[그림 4-56] 육간방 무덤 묘실 연음도

ⓐ 육간방 무덤 묘실 동벽의 비음도

 벽화 속에는 4명의 남자가 있는데 얼굴 부분과 손 부분이 붉게 칠해져 있다. 왼쪽 첫 번째 사람은 두 다리를 벌린 채 반측신을 왼쪽으로 하여 탁자 앞에 서 있다. 검은 교각 복두를 쓰고 둥근 옷깃, 좁은 소매의 붉은 두루마기를 입고 흰 허리띠를 묶었으며 흰 신을 신었다. 짙은 눈썹에 짧은 수염을 길렀고 고개를 숙여 아래를 보고 있다. 두 손으로 가슴 앞에 잔을 받들고 두 번째 사람 손에 있는 집호를 바라보고 있다. 두 번째 사람은 두 발을 내딛어 측신(側身)을 오른쪽으로 하여 서 있다. 머리에는 검은 교각 복두를 쓰고 둥근 옷깃, 좁은 소매의 흰 두루마기를 입고 붉은 허리띠를 묶고 흰 신을 신었다. 짙은 눈썹, 짧은 콧수염의 얼굴로 첫 번째 사람을 대하며 잔을 보면서 입을 약간 벌리고 있는 것이 말을 하고 있는 것 같다. 왼손으로 호(壺)의 목 앞을 잡고 잔 안으로 기울여 부어 호 안에서 술이 흘러나오고 있다. 오른손으로 뚜껑이 없는 4단 붉은 찬합을 들고 있는데, 찬합 위쪽에 음식이 있다. 세 번째 사람도 두 발을 내딛어 측신(側身)을 오른쪽으로 하여 서 있다. 머리에는 검은 교각 복두를 쓰고 둥근 옷깃, 좁은 소매의 붉은 두루마기와 흰 중단을 입고 흰 허리띠를 묶었으며 흰 신을 신었다. 짙은 눈썹, 짧은 수염의 얼굴로 네 번째 사람을 바라보고 있다. 왼손으로 붉은 마개의 수병을 품에 안고 있고 오른손을 펴서 부르고 있는 모습이다. 마지막 네 번째 사람도 두 발을 내딛어 측신(側身)을 오른쪽으로 하여 서 있다. 머리에는 검은 교각 복두를 쓰고 교령, 좁은 소매의 흰 두루마기와 흰 교령 중단를 입고 붉은 허리띠를 묶고 흰 신을 신었다. 짙은 눈썹에 수염을 길렀다. 가슴 앞에 앵두가 가득 들은 쟁반을 두 손으로 받쳐들고 있다. 첫 번째 사람 뒤 문 근처에 장방형의 낮은 탁자가 있는데 상면은 하얗고 탁자의 하단에는 길고 짧은 2단의 휘장이 있다. 짧은 것에는 붉은색 격자가 있고 긴 것에는 주름이 있는데 아랫자락은 땅에 닿고 있다. 탁자 왼쪽 앞에 음식이 담긴 쟁반이 있고 뒤에 불이 켜진 연화좌(蓮花座) 촛대가 있다. 가운데 앞에는 찐빵 같은 것이 가득 담긴 두반(豆盤)이 있고 그 뒤에는 잎이 무성한 붉은 꽃의 모란꽃 바구니가 있다. 오른쪽에는 과일이 가득 담긴 쟁반이 앞뒤로 놓여 있다. 탁자 앞에는 반쯤 땅에 박아둔 수병 3개가 있다(그림 4-57, 벽화 38).

[그림 4-57] 육간방 무덤 묘실 동벽 비음도

[벽화 38] 육간방 무덤 묘실 동벽 비음도

ⓑ 육간방 무덤 묘실 북벽의 연음도

　벽화 속에 4명의 사람이 있는데 3명은 남자이고 1명은 여자이다. 얼굴 부분과 손 부분을 붉게 칠했다. 묘주인은 팔장을 끼고 반측신을 오른쪽으로 하여 붉은 등받이 나무 의자에 앉아 있는데 등받이에는 꽃잎 무늬 같은 장식이 있다. 머리에는 검은 교각 복두를 쓰고 둥근 옷깃, 좁은 소매의 흰 두루마기와 흰 교령 중단을 입고 흰 허리띠를 묶었으며 검은 신을 신었다. 짧은 수염을 기르고 앞을 보고 있는데 미소를 띤 얼굴이 자상하다. 묘주인 왼쪽 탁자 앞에 시녀 1명이 서 있는데 두 발을 벌리고 측신을 왼쪽으로 하여 서 있다. 상반부는 거의 떨어져 나갔다. 하얀 겹치마를 입고 붉은 허리띠를 묶었으며 허리 앞에는 치마 밑까지 늘어진 2가닥 띠가 나부끼고 있다. 흰 신을 신었다. 묘주인의 오른쪽에 남복 둘이 서 있는데 왼쪽 첫 번째 사람은 두 발을 벌리고 측신을 오른쪽으로 하여 서 있다. 머리에는 부드러운 검은 각건(角巾)을 쓰고 둥근 옷깃, 좁은 소매의 붉은 두루마기를 입고 흰 허리띠를 매고 하얀 신을 신었다. 평평한 눈썹에 가는 눈의 얼굴은 2번째 사람을 향하고 있다. 두 손을 왼쪽으로 하여 가슴 앞에 누런 잔을 받쳐들고 있다. 2번째 사람은 두 발을 벌리고 측신을 왼쪽으로 하여 서 있다. 둥근 옷깃, 좁은 소매의 흰 두루마기를 입고 흰 허리띠를 매고 흰 신을 신었다. 머리를 밀고 똑바로 앞을 보고 있는데 얼굴은 첫 번째 사람을 향하고 있다. 두 손으로 붉은 마개의 수병을 안아 얼굴 가까이 하고 있다. 묘주인과 시녀 뒤에는 긴 탁자가 있다. 탁자 하단에는 짧은 붉은 휘장이 주름져 있고 휘장 아래에는 꽃매듭 띠가 늘어져 있다. 두 남복 뒤에 있는 네모난 탁자 하단에도 짧은 휘장이 있는데 주름과 레이스가 달려 있다. 휘장 위는 붉은색이고 아래는 흰색이다. 탁자 위에는 음식이 가득 담긴 둥근 쟁반 3개가 있다. 긴 탁자 뒤 궁려(窮廬) 벽에서 2줄기의 붉은 띠가 탁자 위까지 늘어져 있는데 장막의 끈이다. 네모난 탁자 뒤의 궁려 벽에 비스듬한 장막이 있고 그 위에 붉은 꽃 반 송이가 있다. 장막 오른쪽 위의 궁려 벽에는 붉은 꽃 한 송이가 있다(그림 4-58, 벽화 39).

[그림 4-58] 육간방 무덤 묘실 북벽 연음도

[벽화 39] 육간방 무덤 묘실 북벽 연음도

(3) 기악 및 오락

기악과 오락도 요나라 무덤 벽화의 중요한 내용이다. 기악의 소재는 대부분 북(鼓)이며 오락에는 주로 백희(佰戱), 마구(馬球), 각저(角抵) 등이 있다

1) 기악

① 백탑자 무덤 천정 서벽의 피리 부는 사람

[그림 4-59] 백탑자 무덤 천정 서벽 피리 부는 사람

벽화 속에는 한 연주자가 있는데 머리에 검은 두건을 쓰고 고개를 숙여 약간 미소 지으며 두 손으로 피리 같은 물건을 잡고 불고 있다. 짙은 눈썹, 큰 눈망울, 검은 수염의 얼굴은 밖을 향하고 있다. 연녹색의 두루마기를 입었는데 안에 붉은(朱) 옷을 입고 허리에 주황색 띠를 묶고 검은 신을 신었다(그림 4-59).

② 북삼가 1호 무덤 천정 서벽의 고악도(鼓樂圖)

벽화 속에는 2명의 한인(漢人) 연주자가 있는데 동쪽에 있는 사람은 정면으로 서서 통소를 불고 있다. 머리에 전각(展脚) 복두를 쓰고 있으며 머리를 약간 숙여 아래를 보고 있다. 두 손으로 통소를 잡고 있는데 열 손가락 중 구멍을 누르고 있는 것도 있고 들어 올리고 있는 것도 있다. 양 볼을 부풀려 노란 서(舌), 붉은 관대의 통소를 온 정신을 집중하여 연주하고 있다. 평평한 눈썹, 큰 눈망울에 수염이 있고 둥글고 붉은 옷깃, 넓은 소매의 연푸른 두루마기를 입고 누런 허리띠를 묶었다(그림 4-60). 서쪽에 있는 사람은 북을 치고 있는데, 통소 부는 사람 쪽으로 몸을 굽히고 있다. 머리에는 권각(卷脚) 복두를 썼고 긴 눈썹의 큰 눈망울에 입을 약간 벌리고 있다. 두 가닥 수염의 얼굴에 미소를 짓고

두 손에 북채를 쥐고 있다. 왼쪽 북채는 북을 치고 있고 오른쪽 북채는 치켜들고 있다. 둥근 옷깃, 넓은 소매의 연푸른 두루마기와 흰 속옷을 입고 누런 허리띠를 띠고 검은 신을 신고 있다. 북 가죽은 누런색이고 북통은 붉은색이며 아래위 테두리 아래에는 각각 검은 대갈못을 한 바퀴 돌렸다. 북 아래에는 녹색 북받침대가 있다(그림 4-61).

[그림 4-60] 북삼가 1호 무덤
천정 서벽 고악도

[그림 4-61] 북삼가 1호 무덤
천정 서벽 고악도

③ 북삼가 3호 무덤 용도 동서 양 벽의 고악도

동쪽 벽에 그려진 다섯 사람은 허리 윗부분이 떨어져 나갔다. 모두 두루마기를 입고 검은 신을 신었다. 안쪽에서부터 첫 번째 사람은 두 발을 안쪽으로 향하여 서 있는데 엷은 황색 두루마기를 입고 있다. 두 번째 사람도 안쪽을 향해 서 있는데 두 다리를 약간 앞으로 굽혀 허리를 숙이고 장구를 허리춤에 매고 두 손으로 장구를 치고 있다. 세 번째 사람은 바깥쪽을 향해 서 있고 넓은 소매의 붉은 두루마기를 입었는데 소매를 걷어 올리고 있다. 허리에 푸른 띠를 띠었다. 나머지 두 사람도 모두 안쪽을 향해 서 있는데 누런 두루마기를 입고 있다.

　서쪽 벽에도 역시 다섯 사람이 그려져 있다. 안에서부터 첫 번째 사람은 안을 향해 서 있는데 긴 누런 두루마기에 붉은 속옷을 입고 검은 신을 신고 있다. 양쪽 팔을 당겨 퉁소를 잡고 연주하는 모습이고 머리 부분은 떨어져 나갔다. 2번째 사람은 큰 북 뒤에 정면으로 서 있나. 붉은 두루미기를 입고 두 손에 북채를 들고 북을 치고 있는 모습이다. 북은 붉은색이고 북통에는 파란색의 모란꽃이 그려져 있다. 정면 가운데의 큰 모란꽃 꽃술에 함환(銜環)을 붙인 누런 포(鋪)를 그렸다. 위아래에 각각 18개의 대갈못을 그렸고 북 가죽은 엷은 황색이다. 북의 깊이는 28cm, 직경은 22cm이다. 북 치는 사람 뒤에 안쪽을 향해 서 있는 한 사람이 더 있는데 그는 긴 누런 두루마기를 입고 검은 신을 신고 있다. 4번째 사람도 안을 향해 서 있는데 연푸른 두루마기를 입고 하얀 신을 신고 있다. 다섯 번째 사람도 안을 향해 서 있고 누런 두루마기에 검은 신을 신었다. 다섯 번째 사람 역시 윗부분이 떨어져 나갔다(벽화 40).

[벽화 40] 북삼가 3호 무덤 용도 동서 양 벽 고악도

④ 양산 1호 무덤 천정 동벽의 고악도 및 남벽 동쪽의 격고도(擊鼓圖)

모두 7명의 한인 악공이 있는데 그들은 전부 둥근 옷깃, 좁은 소매의 긴 하얀 두루마기를 입고 검은 신을 신고 있다. 머리에는 전각(展脚) 복두를 쓰고 허리에 띠를 매고 있는데 어떤 사람은 넓은 띠를 하고 있다(그림 4-62).

[그림 4-62] 양산 1호 무덤 천정 동벽 고악도 및 남벽 동쪽 격고도

ⓐ 양산 1호 무덤 천정 동벽 고악도

동쪽 벽에는 총 6명의 사람이 있는데 앞뒤 두 줄로 배열해 3조로 나뉜다. 앞줄 1조는 두 사람으로 왼쪽 첫 번째 사람은 반쯤 몸을 안으로 기울여 서서 박을 치고 있다. 짧은 수염을 기르고 시선은 눈 아래 박을 향하고 있다. 두 번째 사람은 장구를 치는 사람으로 역시 몸을 반쯤 안으로 기울여 서 있다. 소매를 당겨 팔을 드러내고 몸을 굽혀 어깨를 들먹이며 두 발을 내딛어 북을 치며 걷는 모양이다. 오른손으로는 북채를 잡고 왼손을 위아래로 흔들고 있다. 짧은 수염이 있고 팔찌를 끼고 있다. 뒷줄 2조의 4명은 취주(吹奏) 악대이다. 왼쪽 두 사람은 정면으로 서서 피리를 불고 있고, 오른쪽 두 사람은 반쯤 몸을 안으로 기울여 서서 통소를 불고 있다. 네 사람 모두 두 눈을 반쯤 감고 있는 것이 진지하게 연주하고 있는 모습이다(벽화 41).

[벽화 41] 양산 1호 무덤 천정 동벽 고악도

[벽화 42] 양산 1호 무덤 천정 남벽 동쪽 격고도

ⓑ 양산 1호 무덤 천정 남벽 동쪽 격고도

남벽 동쪽에 큰 북을 치는 사람이 그려져 있는데 맨 뒤에 똑바로 서 있다. 소매를 높이 걷어 올리고 두 손으로 북채를 잡고 아래위로 치고 있는 모습이다. 팔찌를 끼고 짧은 수염을 길렀다. 북통에는 4개의 원형 도안이 그려져 있고 북 위 아래에는 가죽을 박은 대갈못이 있으며 북 아래에는 지지대가 놓여 있다(벽화 42).

⑤ 양산 2호 무덤 천정 동벽과 남벽 동쪽의 고악도

양쪽 벽의 모퉁이에 진홍색 큰북이 그려져 있는데 지지대는 연홍색이다. 가장 왼쪽에 북을 치는 사람이 있는데 두 손에 북채를 들고 있다. 오른손은 어깨 부위까지 올라가 있고 왼손은 가슴께에 있다. 북의 왼쪽에도 당연히 사람이 있을 것인데 이미 모두 떨어져 나갔다. 남벽 동쪽에 세 사람이 서 있는데, 그중 오른쪽 첫 번째 사람은 두 손으로 통소를 잡아 연주하고 있다. 그의 옆에 있는 두 번째 사람은 누런 두루마기를 입고 있는데 피리를 불고 있다. 세 번째 사람은 소매가 좁은 흰 두루마기를 입고 검은 신을 신고 허리띠를 묶었는데 오른 쪽 첫 번째 사람과 같은 통소를 불고 있다(그림 4-63).

[그림 4-63] 양산 2호 무덤 천정 동벽과 남벽 동쪽 고악도

⑥ 양산 3호 무덤 천정 남벽의 고악도

남벽의 동서 양쪽에 각각 두 취주자와 북 치는 사람이 그려져 있다. 먼저 동쪽 연주자 중에 왼쪽에 있는 사람은 피리를 부는데 머리에 교각 복두를 쓰고 둥근 옷깃, 좁은 소매의 흰 두루마기와 녹색 중단을 입고 있으며 큰 붉은 허리띠를 매고 있다. 검은 신을 신고 팔자수염이 있다. 두 손으로 피리를 잡고 불고 있다. 왼쪽에 있는 사람은 통소를 부는데 머리에 교각 복두를 쓰고 둥근 옷깃, 좁은 소매의 녹색 두루마기와 흰색 중단을 입고 있으며 붉은 큰 허리띠를 매고 검은 신을 신고 있다. 모두 반쯤 몸을 왼쪽으로 하여 서서 북 치는 사람을 바라보고 있다(그림 4-64, 벽화 43).

[그림 4-64] 양산 3호 무덤 천정 남벽 동쪽 고악도

[벽화 43] 양산 3호 무덤 천정 남벽 동쪽 고악도

    서쪽에 있는 북 치는 사람도 역시 반측신의 얼굴로 취주자를 향하고 있다. 앞에 있는 사람이 큰 북을 치는데 두 손으로 붉은 북채를 가로로 잡고 아래위로 치는 모습이다. 그는 둥근 옷깃, 좁은 소매의 하얀 두루마기와 녹색 중단을 입고 교각 복두를 쓰고 있다. 그 뒤에 있는 사람은 장구를 치는데 소매를 걷어 올리고 팔을 휘두르며 힘껏 치고 있다. 왼손에 검은 북채를 잡고 오른손 다섯 손가락은 쫙 펴고 몸을 굽혀 고개를 숙여 북을 보고 있다. 둥근 옷깃, 좁은 소매의 녹색 두루마기에 녹색 중단, 하얀 좁은 바지를 입고 전각 복두를 썼으며 허리를 묶고 흰 신을 신었다. 두루마기 아랫자락을 허리춤에 끼워 진한 홍갈색 네모 중단과 두 가닥의 흰 띠가 드러나고 있다. 두 발을 벌려 움직이는 모습이다. 짧은 팔자수염이 있다. 큰 북은 지지대 위에 두었는데 북 가죽 가운데에 붉

3장 벽화 내용의 분석   169

은 꽃 한 송이가 그려져 있다. 북통에는 일정한 간격으로 4개의 원형 도안이 있는데 그 안은 작은 꽃 5송이로 채워져 있다. 오른쪽 도안에는 꽃그림이 누락되어 있다. 장구 양쪽 궁편의 연결줄은 붉은색이다(그림 4-65, 벽화 44).

[그림 4-65] 양산 3호 무덤 천정 남벽 서쪽 격고도

[벽화 44] 양산 3호 무덤 천정 남벽 서쪽 격고도

⑥ 한가와포 제2지점 6호 무덤 용도 동서벽의 고악도

ⓐ 한가와포 제2지점 6호 무덤 용도 동벽 고악도

　동벽에 4명의 한인 악공이 그려져 있다. 왼쪽에서 오른쪽으로 첫 번째 사람은 몸을 반쯤 오른쪽으로 틀고 서서 가슴께에 장구를 매달고 치고 있다. 장구통은 퍼런색이다. 소매를 걷어 올리고 팔을 벌리고 몸을 굽혀 어깨를 들먹이고 있다. 다리를 움직이며 오른손에 북채를 잡고 건들건들하며 장구를 치고 있다. 둥근 옷깃, 좁은 소매의 붉은 두루마기를 입고 하얀 신을 신었으며 머리에 검은 교각 복두를 쓰고 미소 짓고 있다. 그의 옆에 있는 두 번째 사람은 몸을 기울여 오른쪽으로 서 있는데 몸집이 비대하다. 그는 두 손으로 통소를 추켜들고 머리를 움츠리고 어깨를 으쓱하며 통소를 불고 있다. 둥근 옷깃, 좁은 소매의 연푸른 두루마기를 입고 흰 허리띠를 띠고 있는데 안감은 갈색이다. 하얀 신을 신고 검은 교각 복두를 썼는데 정수리 부분은 떨어져 나갔다. 세 번째 사람은 머리와 어깨 부분이 그려진 벽화가 떨어져 나가 가슴 앞의 타악기 하나만 보인다. 오른손으로 채 같은 것을 잡고 치는 모습이다. 둥근 옷깃, 좁은 소매의 갈색 두루마기를 입고 허리에 흰 띠를 묶었고 안감은 연회색이다. 흰색 장화를 신었다. 네 번째 사람은 아랫부분만 남아있고 대부분은 떨어져 나갔다. 연푸른 두루마기를 입고 흰 장화를 신고 있다(그림 4-66, 벽화 45).

[그림 4-66] 한가와포 제2지점 6호 무덤 용도 동벽 고악도

[벽화 45] 한가와포 제2지점 6호 무덤 용도 동벽 고악도

ⓑ 한가와포 제2지점 6호 무덤 용도 서벽 고악도

무덤 용도의 서벽 윗부분과 왼쪽이 이미 대부분 떨어져 나가 3명의 악공만 남아 있다. 벽화 속 왼쪽 첫 번째 사람은 생황을 부는 악공으로 몸을 오른쪽으로 하여 서 있다. 그는 두 손으로 생황을 잡고 불고 있으며 둥근 옷깃, 좁은 소매의 흰 두루마기를 입고 흰 허리띠를 묶고 검은 모자를 쓰고 짧은 수염을 기르고 있다. 두 번째 사람은 피리를 부는 악공이다. 몸을 반쯤 오른쪽으로 하여 서서 두 손으로 피리를 잡고 불고 있다. 둥근 옷깃, 좁은 소매의 연푸른 두루마기를 입고 흰 띠를 허리에 묶고 검은 모자를 쓰고 있다. 머리 부분과 다리 부분이 부분적으로 떨어져 나갔다. 3번째 사람은 큰 북을 치는 사람이다. 몸을 굽혀 오른쪽을 향하고 오른쪽 소매를 걷어 올리고 북 가죽을 응시하며 두 손으로 북채를 잡고 위아래로 북을 치고 있다. 둥근 옷깃, 좁은 소매의 붉은 두루마기와 연푸른 중단을 입고 흰 허리띠, 흰 신을 신고 머리에는 검은 모자를 썼다. 큰 북은 붉은색인데 북 가죽은 흰색이다. 북 몸통 가운데에 원형 도안이 하나 있고 위아래로 북 가죽에 박은 대갈못이 있고 아래에는 흰색 지지대가 있다. 첫 번째 사람의 오른쪽에도 한 사람이 있었을 텐데 떨어져 나가 세로 몇 줄만 남아 있다(그림 4-67, 벽화 46).

[그림 4-67] 한가와포 제2지점 6호 무덤 서벽 고악도

[벽화 46] 한가와포 제2지점 6호 무덤 서벽 고악도

2) 오락

① 북삼가 1호 무덤 천정 동서 양 벽의 백희도(佰戱圖)

천정의 동서 양쪽 벽에 북을 각각 하나씩 그렸다. 북의 높이는 80cm, 직경은 66cm이다. 북 가죽은 엷은 누런색이고 가죽 바깥쪽으로 순차적으로 7cm의 누런 테두리, 19cm의 녹색 가장자리이고 그 나머지 둘레는 붉다. 둘레는 모두 방직물로 주름이 여러 개 잡혀 있다. 동쪽 벽에 있는 북 위에는 수탉 한 마리가 서 있다. 닭의 머리 부분은 떨어져 나가 보이지 않고 검은색 꼬리만 남아있

3장 벽화 내용의 분석   173

다. 다리 부분의 화법이 특이하여 먼저 마르지 않은 백회면에 둥글고 작은 구멍을 찍고 다시 먹선으로 고르게 그려, 매우 사실적이다. 서쪽 벽에 있는 북 위에는 사자가 앉아 있는데, 사자의 머리 부분은 떨어져 나가서 보이지 않는데 뒷다리를 펴서 곧게 북 위에 앉아 있다. 앞다리는 들고 있는데 하나는 위, 하나는 아래에 있어서 마치 북을 치고 있는 듯하다. 꼬리는 오른쪽을 향해 앞으로 말려 있다(벽화 47).

[벽화 47] 북삼가 1호 무덤 천정 서벽 백희도

② 산저 무덤 묘실 남벽 문 서쪽의 백희도

벽화에 한 사람이 그려져 있는데 앞을 향해 다리를 뻗고 허리를 굽혀 달리는 모양을 하고 왼손에는 매우 긴 검은 장대를 들고 오른손에 든 물건을 앞으로 내밀어 던질 것 같다. 그림이 떨어져서 무엇을 들었는지는 잘 보이지 않는다. 그리고 허리에 검은색 비단 끈을 묶고 별도의 칼을 차고 있다. 둥근 옷깃, 좁은 소매의 붉은 장삼을 입고 장삼의 하반신을 허리춤에 끼웠다. 흰색 좁은 바지를 입고 무릎 아래는 붉은 띠로 휘감고 있으며 짚신을 신었다. 머리에 검은 모자를 쓰고 정수리에서 머리 뒤쪽으로 나부끼는 두 갈래 검은 띠가 있고 오른쪽 뒤로 머리를 돌리고 있는데 팔자수염이 있다(그림 4-68, 벽화 48).

[그림 4-68] 산저 무덤 묘실 남벽 문 서쪽 백희도

[벽화 48] 산저 무덤 묘실 남벽 문 서쪽 백희도

③ 피장구 1호 무덤 묘실 서벽의 마구도(馬球圖)

화면 여러 곳이 떨어져 나갔지만 대체로 분별할 수 있다. 벽화 속에는 말을 타고 있는 5명의 사람이 있다. 가장 먼저 왼쪽 첫 번째 사람은 머리에 녹색 두립식(斗笠式) 전모를 쓰고 있는데 모자 밑으로 긴 머리카락 한 묶음이 뒷머리에서 나부끼고 있다. 우임(右衽), 좁은 소매의 붉은 두루마기를 입고 흰 허리띠를 묶고 등 뒤에 검은 구장(毬杖)을 꽂고 두 팔을 가슴 앞에 모아 오른쪽으로 살짝 몸을 기울여 관전하는 모습이다. 타고 있는 검은 말이 분주하게 뛰어다닌다. 그의 바로 오른편에 있는 2번째 사람은 짧은 수염을 기르고 짧은 뒷머리를 노출하고 있다. 머리에는 흰색 두립식 전모를 쓰고 턱 밑에 모자 끈을 묶고 있다. 모자 뒤에는 2가닥의 가는 검은 띠가 나부끼고 있다. 좁은 소매의 흰 두루마기를 입고 흰 허리띠를 하고 검은 신을 신고 있다. 왼손으로 검은 구장을 잡아 앞쪽으로 휘두르고 있다. 오른손으로 가슴께 몸 바깥으로 모은 끈 같은 것을 쥐고 미소를 짓고 있다. 타고 있는 붉은 말이 질주한다. 3번째 사람은 짧은 콧수염과 긴 수염이 있고 뒷머리는 단발이다. 검은 모서리의 흰 두립식 전모를 쓰고 좁은 소매의 흰색 두루마기를 입었으며 붉은 허리띠를 하고 있다. 오른손으로 검은 구장을 힘껏 앞으로 휘두르고 있다. 막대 앞에 빨간 공이 있다. 몸을 앞으로 기울이며 집중하는 모습이다. 붉은 갈기와 붉은 꼬리를 가진 백마가 질주하고 있다. 4번째 사람은 백색 두립식 전모를 썼는데 모자 끈이 턱밑에 묶여 있다. 모자 뒤에는 두 가닥의 가는 검은 끈이 나부끼고 있다. 좁은 소매의 하얀 두루마기를 입고 검은색을 더한 가는 붉은 띠를 허리에 묶고 흰 신을 신었다. 오른손에 검은 구장을 잡고 3번째 사람과 공을 경쟁하고 왼손에 끈 같은 것을 잡고 약간 뒤로 모으고 있다. 몸을 앞으로 기울이며 정신을 집중하고 있는 모습이다. 검은 안장과 언치가 있는 붉은 말이 질주하고 있다. 5번째 사람은 심각하게 떨어져 나가 용모가 불명확하다. 좁은 소매의 흰 두루마기를 입고 흰 허리띠를 묶었고 띠 위에 붉은 공 모양의 주머니가 있다. 검은 신을 신고 왼손으로 왼쪽 가슴 앞에 검은 구장을 잡고 있다. 분주히 뛰어다니는 말은 붉은 갈기와 붉은 꼬리의 백마이다.

첫 번째, 2번째, 3번째 사람은 오른쪽으로 향하고 4번째, 5번째 사람은 왼쪽으로 향한다. 쌍방이 작은 빨간 공을 쟁취하기 위해 전력을 다하고 있다. 5번째 사람의 오른쪽 위와 4번째 사람의 말 뒤에 붉은색의 궁륭(穹隆)형 골대가 있고 바깥쪽 아래에 네모난 문이 있다. 첫 번째 사람의 말 뒤에 한 가지가 더 그려져 있는데 심하게 떨어져 나가 더 이상 분간할 수 없다(그림 4-69, 벽화 49).

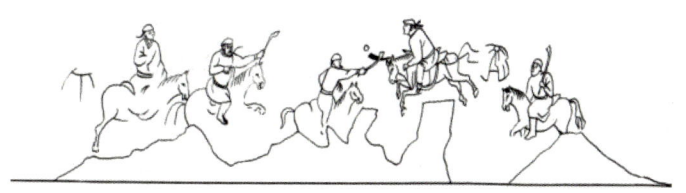

[그림 4-69] 피장구 1호 무덤 묘실 서벽 마구도

[벽화 49] 피장구 1호 무덤 묘실 서벽 마구도(복제품)

④ 칠가 1호 무덤 묘실 서남벽의 마구도

벽화가 심각한 파괴를 당해 1/3 정도만 남아 있지만 비교적 치열한 경기 장면은 볼 수 있다. 벽화의 좌우 양쪽에는 2개의 붉은 기둥으로 구성된 골대가 하나씩 있는데 그 끝은 복숭아 모양으로 뾰족하다. 양 골대 사이에 8명의 기수가 한창 긴장하여 시합을 하고 있다. 말들은 모두 네 발을 공중으로 들고 광분하고 있다. 비교적 완전한 것은 오른쪽 아랫줄 두 기수뿐이다. 오른쪽 첫 번째 기수는 담홍색 말을 타고 있는데 말의 머리는 안쪽을 향하고 있고 갈기는 바짝 서 있다. 안장은 누런색이고 언치는 검은색인데 월장(月杖)을 들고 있는 기수가 타고 있다. 오른손으로 월장을 들고 왼손은 말고삐를 잡고 있는데 좁은 소매의 연황색 두루마기를 입고 검은 원정모(圓頂帽)를 썼다. 머리 뒤로 가는 띠 두 가닥이 나부낀다. 왼쪽에서 한 기수가 왼쪽 골문으로 접근하는데 누런 말을 타고 있고 말머리는 오른쪽을 향하고 있다. 안장은 붉은색이고 기수는 좁은 소매의 회색 두루마기를 입고 허리를 묶고 있다. 오른손에 월장을 들고 왼손으로 말고삐를 잡고 있는데 월장은 몸 뒤에 있다. 오른쪽 골대 가까이에 회색 말을 탄 기수가 있는데 말머리는 왼쪽을 향하고 있고 푸른색 안장에 붉은색 언치가 있다. 기수는 당연히 오른손에 월장을 쥐고 있는데 사람과 말머리에 저지당하고 있다. 왼손으로 말고삐를 쥐고 있고 고개를 돌려 골대를 보고 있다. 둥근 옷깃, 좁은 소매의 연황색 두루마기와 흰 중단을 입고 흰 허리띠를 묶고 허리 왼쪽에 둥근 공모양의 주머니를 달고 있다. 회색 신을 신고 머리에 평정모(平頂帽)를 쓰고 역시 두 가닥의 가는 끈이 뒷머리에서 나부끼고 있다. 다시 위에서는 2줄로 배열하고 있는데 말머리는 모두 왼쪽을 향하고 있다. 앞줄 왼쪽에서 첫 번째 기수는 붉은 말을 타고 있는데 흰 안장, 검은 언치가 있으며 공을 치는 사람의 윗부분은 떨어져 나갔다. 연푸른 두루마기를 입고 허리를 띠로 묶고 검은 신을 신었으며 두 팔을 모두 말의 목 오른쪽에서 흔들고 있다. 2번째 기수는 누런 말을 타고 있는데 안장은 푸르고 언치는 붉다. 기수는 어깨 윗부분이 떨어져 나갔는데 흰 두루마기를 입고 허리에 푸른 띠를 묶고 왼팔을 치켜올리고 오른손에 말고삐를 쥐고 있다. 3번째 기수의 붉은 말에는 붉은 언치가 있는데 안장 윗부분은 떨어져 나갔다. 말꼬리는 세 잎 꽃모양으로 묶었다. 기수는 푸른 두루마기를 입고 검은 신을 신었다. 뒷줄에서는 두 기수를 볼 수 있다. 앞에 있는 말은 회색인데 단지 앞 다리 하나만 남아 있다. 뒤에 있는 말은 검은색으로 회색 언치가 있고 안장 윗부분은 떨어져 나가버렸다. 기수는 붉은 두루마기를 입고 있다(그림 4-70, 벽화 50).

[그림 4-70] 칠가 1호 무덤 묘실 서남벽 마구도

[벽화 50] 칠가 1호 무덤 묘실 서남벽 마구도

⑤ 낭랑묘 무덤 묘실의 각저도(角抵圖)

대부분의 벽화는 이미 떨어졌지만, 다행히도 주요한 내용은 남아 있는데 아홉 폭으로 나눌 수 있다. 이 벽화에서 묘사된 내용은 야외 각저(角抵)의 정경이다 (그림 4-71).

3장 벽화 내용의 분석 179

[그림 4-71] 낭랑묘 무덤 묘실 각저도

ⓐ 낭랑묘 무덤 묘실 북벽의 화초, 곤충, 새 부분

북쪽 벽 가운데에 있는 한 폭은 일부분만 남아 있는데, 물품과 나비가 그려졌다. 양쪽의 양 폭에는 각각 날개를 활짝 펴고 날아갈 듯한 백조가 한 마리씩 있고, 양쪽의 백조는 서로 마주 대하고 있다. 그리고 그 사이를 연꽃, 나팔꽃, 소초 등의 화초로 채워 넣었다. 동서 양 폭에는 모두 좌우 대칭으로 수초와 나비가 있다. 두 무더기의 수초가 있고 나비가 그 사이를 날아다닌다(그림 4-72).

[그림 4-72] 낭랑묘 무덤 묘실 북벽의 화초, 곤충, 새 부분

ⓑ 낭랑묘 무덤 묘실 동벽의 화초, 곤충, 소, 여인도

벽화 속에는 5명의 사람이 그려졌는데 이를 총 4폭으로 나눌 수 있다. 먼저 동벽에는 머리를 쪽진 여자 한 명이 있다. 좌우 양쪽으로 머리카락 한 묶음씩이 어깨에서 나부끼고 팔짱을 끼고 있다. 그녀는 둥근 옷깃의 푸른 두루마기와 하얀 중단을 입고 있다. 그녀의 뒤에서 앞으로 가고 있는 흰 소가 있고 풀 더미도 같이 있다. 오른쪽에는 붉은 구슬 같은 것이 있고 위에는 과릉(瓜棱)이 있다(그림 4-73).

[그림 4-73] 낭랑묘 무덤 묘실 동벽의 화초, 곤충, 새, 여인도

[그림 4-73] 모사

ⓒ 낭랑묘 무덤 묘실 남벽 각저도

남벽 묘문 양쪽 가운데에 각각 거란 청년이 서로 마주 대하게 그려져 있다. 둘 다 머리를 밀었다. 두 팔을 휘두르며 맞붙어 겨루는 것 같고 다섯 손가락을 벌리고 두 다리를 껑충껑충 뛰는 것 같다. 동쪽 벽의 거란 청년은 짧은 붉은 바지를 입었는데 몸을 뒤로 젖히고 있다. 그의 등 뒤에는 앞으로 가고 있는 젊은 소

세 마리가 있다. 서쪽 벽의 거란 청년 등 뒤에는 앞으로 가고 있는 붉은 말 세 마리가 있다. 소와 말은 머리를 마주 대하고 있고 말 등에는 검은 안장이 있다. 소와 말 사이의 공간에는 풀더미를 그렸다(그림 4-74).

[그림 4-74] 낭랑묘 무덤 묘실 남벽 각저도

[그림 4-74] 모사도

ⓓ 낭랑묘 무덤 묘실 서벽 화초, 새, 곤충, 인물도

서쪽 벽에 거란 남자가 그려져 있는데 머리를 밀었다. 민머리 아래의 앞이마에 테 한 줄이 보인다. 짙은 눈썹에 눈망울이 크고 수염이 있으며 두 손으로 골타(骨朵)[12]를 잡고 있다. 둥근 옷깃, 좁은 소매의 푸른 두루마기와 흰 중단을 입

---

[12] 옛 병기의 일종. [쇠 또는 나무 몽둥이로 앞쪽은 굵고 손잡이 쪽은 가늘게 생김. 후에 의장용으로 쓰임] (=金瓜)(출처: 네이버 사전).

었다. 거란 남자 뒤에는 낙타 수레 한 대가 있는데 수레의 가마는 단지 지붕 부분만 남아 있다. 전무식(殿廡式)으로 위에 화염주 하나가 있고 비스듬한 등골에서 이수(螭首)[13]가 나온다. 수레 가마 앞에 보조 가마를 설치했는데 보조 가마는 곧은 가마로 붉은 테두리 안에 둥근 꽃 도안으로 장식했다. 붉은 긴 끌채가 있고 낙타에 멍에를 씌웠다. 낙타 앞에서 한 사람이 인도하는데 그의 정수리는 빛나며 머리를 뒤로 젖히고 양 미간을 몹시 찌푸리면서 오른손으로 끌고 있다. 둥근 옷깃, 좁은 소매의 붉은 두루마기를 입고 허리를 묶었다(그림 4-75).

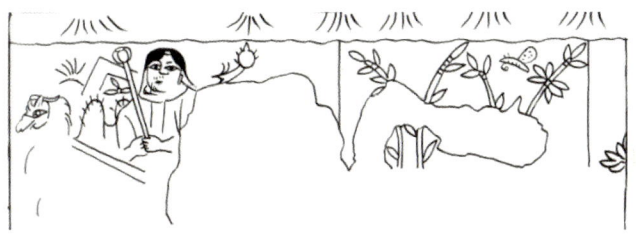

[그림 4-75] 낭랑묘 무덤 묘실 서벽 화초, 새, 곤충, 인물도

[그림 4-75] 모사

---

13   건축물이나 공예품에서 뿔 없는 용의 서린 모양을 아로새긴 형상. 흔히 종정(鐘鼎)이나 궁전의 섬돌·이기(彝器)·인장(印章)·대구(帶鉤)·비(碑) 머리 등에 쓰임(출처: 네이버 사전).

(4) 출행(出行)

출행의 벽화는 다른 벽화들보다 그 수가 더 많다. 묘주인 생전의 사회 지위에 따라 벽화의 내용도 다르다. 공통적인 요소는 모두 낙타 수레를 이용한다는 점이다.

① 백탑자 무덤 용도 동서 양 벽의 출행도(出行圖)
ⓐ 백탑자 무덤 용도 동벽 출행도

동쪽 벽에 한 사람이 말을 끌고 서 있는데 머리가 안쪽을 향하고 있는 말은 진홍색으로 안장과 고삐가 있고 높이는 63cm, 길이는 67cm이다. 말 앞에는 오른손에 채찍을 들고 있는 사람이 왼손으로 말을 끌고 있다. 그가 몸을 옆으로 하고 고개를 돌리고 있는데 얼굴 윗부분은 이미 떨어져 나갔다. 둥근 옷깃의 붉은 옷을 입고 하얀 바지와 하얀 신 차림이다. 말 뒤에 서 있는 사람은 왼손으로 나무막대를 잡고 오른손을 들고 있고 몸을 기울여 안쪽으로 걸어가고 있는 모습이다. 고개를 들어 앞에 있는 사람을 바라보고 있고 머리는 밀었는데 남은 머리카락은 오른쪽 귓바퀴 위쪽에 한가닥으로 묶어 늘어지고 있다. 코가 오뚝하고 입술이 붉다. 옷과 바지, 신발이 모두 흰색이다(그림 4-76, 벽화 51).

[그림 4-76] 백탑자 무덤 용도 동벽 출행도

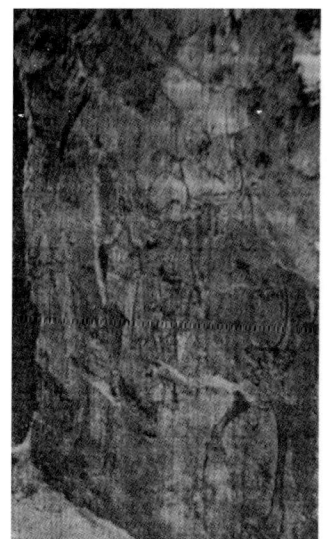

[벽화 51] 백탑자 무덤 용도 동벽 출행도

ⓑ 백탑자 무덤 용도 서벽 출행도

　서쪽 벽에 낙타 수레가 그려져 있는데 수레는 붉은색이고 쌍봉낙타는 안쪽으로 향하고 있다. 위에는 휘장이 있는 가마가 있고 바깥에는 연두색 발이 걸려 있으며 안쪽에 걸려 있는 발에는 짙은 색 꽃이 있다. 수레 위에는 채색 담요가 펼쳐져 있다. 수레 뒤에 낙타 한 마리가 누워 있는데 안쪽을 향해 고개를 들고 있다. 한 사람이 낙타를 향해 걸어가면서 왼손을 들어 올리고 있는데 위에는 흰 옷을 입고 속에는 주황색 반점 옷을 입고 아래는 하얀 바지를 입고 있다. 허리에 황갈색 띠를 묶고 검은 신을 신고 머리에도 검은 모자를 썼다(그림 4-77, 벽화 52).

[그림 4-77] 백탑자 무덤 용도 서벽 출행도

[벽화 52] 백탑자 무덤 용도 서벽 출행도

② 북삼가 1호 무덤 묘도 동서 양 벽의 출행도

묘도 동서 양 벽의 희끗희끗한 곳에 벽화가 그려져 있는데 양 벽에는 각각 두 사람과 말 한 필이 그려져 있다. 공통적으로 안쪽에 있는 사람은 장구를 치는 사람으로 기울인 몸을 안으로 해서 서 있고 고개를 약간 숙여 권각(卷脚) 복두를 쓰고 있다. 둥근 옷깃의 연녹색 두루마기를 입고 흰 신을 신고 있는데 신코는 말려 있다. 허리를 묶고 허리에 장구를 매고 있는데 장구 궁판은 누런색이다.

ⓐ 북삼가 1호 무덤 묘도 동벽 출행도

동쪽 벽 왼쪽에서 북을 치는 사람은 왼손을 반대로 오그려 북을 치는 모습을 하고 있고 오른손에는 작은 나무막대를 가슴께에 잡고 있다. 동쪽 벽의 중간에는 누런 숫말이 그려져 있다. 회색 갈기와 꼬리, 전체 안장과 고삐, 갈색 고삐, 흰색 띠 장식, 연붉은 안교(鞍橋)가 있다. 말 목에 꽃모양의 누런 방울이 달려 있다. 말 머리를 앞으로 치켜들고 앞을 보고 있으며 입을 벌리고 네 발이 분주한 모습이다. 말 머리 왼쪽에 한 사람이 그려져 있는데 머리에 검은 두건을 썼고 두건은 바깥쪽으로 나부끼고 있다. 머리를 들어 고개를 안으로 돌리고 있는데 평평한 눈썹에 큰 눈망울을 하고 수염이 있다. 입을 벌려 말을 하는 것 같고 미소를 짓고 있다. 두 다리를 벌리고 밖으로 달려가는 모습이다. 왼손에는 막대를 잡고 오른손에는 고삐를 쥐고 있다. 황갈색 웃옷과 흰 바지를 입고 주황색 허리띠를 묶고 있으며 짚신을 신고 짚신 목을 끈으로 묶었다(그림 4-78, 벽화 53, 54, 55).

[그림 4-78] 북삼가 1호 무덤 동벽 출행도

[그림 4-78] 모사

[벽화 53] 북삼가 1호 무덤 묘도 동벽 장구치는 사람

ⓑ 북삼가 1호 무덤 묘도 서벽 출행도

서쪽 벽에서 북을 치는 사람의 손동작은 뚜렷하지 않다. 서벽 가운데에는 안장과 고삐를 갖춘 붉은 말이 그려져 있는데 말은 고개를 들고 밖을 향해 서 있고 머리와 갈기가 한 가닥으로 묶여 있다. 오른쪽 뒷다리를 들어 올리고 나머지 세 다리는 곧게 하고 서 있다. 언치는 회(灰)황색이고 안쪽은 진하고 바깥쪽은 엷은 색이 같이 그려진 호랑이 무늬가 있다. 교(鞽)는 토(土)록색이다. 고삐와 재갈은 흰색이다. 목 뒤로 둥글게 말아 둥근 덮개를 이루고 흑회색 재갈과 등자가 있다. 말의 길이는 187cm이고 높이는 130cm이다. 말 머리 쪽에 거린인이 서 있는데 몸 반쪽을 바깥쪽으로 해서 서 있고 오른손에 진홍색 채찍을 들고 있는데 채찍의 양 끝은 흰색이다. 위쪽에는 구멍이 있어 끈을 묶어 놓았다. 오른손에 고삐를 쥐고 있다. 눈썹이 서 있고 머리를 밀었으며 귀고리를 하고 있

[벽화 54] 북삼가 1호 무덤 묘도 동벽 말안장

[벽화 55] 북삼가 1호 무덤 묘도 동벽 말을 끄는 사람

는데 머리끝이 귀고리를 관통하고 있다. 입을 약간 벌리고 있고 콧수염이 있다. 둥근 옷깃, 좁은 소매의 연녹색 두루마기와 하얀 속옷을 입고 하얀 허리띠를 하고 있으며 허리 오른쪽에 작은 칼을 차고 있다. 칼은 하얀 칼집에 들어 있고 칼집은 진홍색 방격문(方格紋)으로 장식되어 있다. 검은 신을 신고 키는 157cm이다(그림 4-79, 벽화 56).

[그림 4-79] 북삼가 1호 무덤 묘도 서벽 출행도

[그림 4-79] 모사

[벽화 56] 북삼가 1호 무덤 묘도 서벽 출행도

③ 북삼가 3호 무덤 묘도 동서 양 벽의 출행도

ⓐ 북삼가 3호 무덤 묘도 동벽 출행도

　동쪽 벽에 여섯 사람과 말 한 필이 그려져 있다. 첫 번째 사람은 안쪽에서 밖을 향하여 서 있다. 왼쪽 어깨에 커다란 붉은 자루를 메고 왼손으로 자루 입구를 움켜쥐고 있다. 오른손은 집게손가락을 곧게 펴고 나머지 손가락을 반쯤 움켜쥐어서 8중으로 포개진 식합(食盒)을 들어 올리고 있다. 그는 머리에 교각 두건을 쓰고 약간 고개를 숙였는데 평평한 눈썹에 눈이 빼어나다. 수염이 있으며 직령(直領), 넓은 소매에 검은 꽃무늬가 있는 연푸른 짧은 옷과 흰 중단, 흰 바지를 입고 짚신을 신었다. 묶은 허리에 고리 한 개와 붉은 주머니를 차고 있다.

　두 번째 사람은 밖을 향해 서 있는데 상체만 옆으로 돌리고 첫 번째 사람을 향해 고개를 들어서 말하고 있는 것처럼 입을 벌리고 있다. 얼굴에는 수염이 있다. 오른손에 골타를 들고 왼손을 들어 긴 사슬에 달린 화관(花罐)을 들어 올리고 있는데 화관에 손잡이가 있고 손잡이 가운데 고리는 긴 사슬에 연결되어 있다. 머리에 교각 복두를 쓰고 직령, 넓은 소매의, 붉은 바탕에 검은 꽃무늬가 있는 두루마기를 입고 녹색 허리 둘레 위쪽 가장자리에 누런 띠를, 아래에는 분홍 띠를 매고 있다. 댕기 십여 개가 무릎까지 늘어져 있다.

세 번째 사람은 말 뒤 왼쪽에 서 있고 몸을 옆으로 하여 밖을 향해 두 다리를 내딛어 걸어가는 모습이다. 오른쪽 어깨를 구부려 장궁(長弓)과 활통을 메고 오른손으로 활통의 끈을 바짝 잡고 있다. 왼쪽 어깨에는 화살통을 메고 있는데 통에는 7대의 우모간(羽毛簡)이 들어 있다. 수염이 있고 앞을 바라보고 있다. 복두를 쓰고 있는데 복두 양쪽 끈을 가슴 앞에 미처 묶지 않아 바람에 나부끼고 있다. 검은 꽃무늬의 직령, 넓은 소매의 연푸른 두루마기와 흰 바지를 입고 짚신을 신었다.

네 번째 사람은 말 머리 왼쪽에 밖을 향해 서서 두 발을 내디뎌 걷고 있다. 앞을 바라보고 있으며 오른손에 채찍을 들고 왼팔을 들어 올려 두 번째, 세 번째 손가락으로 앞을 가리키고 있다. 머리에는 흰 두건을 쓰고 직령, 좁은 소매의 토황색 옷을 입고 허리를 묶고 하얀 바지를 입고 짚신을 신었다. 말은 청회색으로 밖을 향해 서 있다. 왼쪽 뒷다리를 들어 올리고 나머지 세 다리는 곧게 하고

[벽화 57] 북삼가 3호 무덤 묘도 동벽 말 그림

[그림 4-80] 북심가 3호 무덤 묘도 동벽 출행도

서 있다. 고개를 들고 귀를 세우고 있으며 안장과 고삐를 갖추고 있다. 고삐와 굴레는 흰색이고 안교(鞍橋)는 노란색과 푸른색 2가지 색으로 되어 있다. 흰색 언치 위에 붉은 모란꽃을 그렸고 말의 목에 붉은 방울이 걸려 있다(벽화 57).

다시 바깥쪽으로 그림 중앙에 한 노인과 소년이 붙어 있는데, 이것은 '劉三取錢'이라는 내용의 차대도(借貸圖)이다. 더 바깥쪽으로 검은 소나무 3그루와 외짝 붉은 문이 그려져 있다. 가운데 있는 소나무는 잎이 무성한 굳센 노송이고 앞 위의 두 그루는 썩어서 부러져 있다. 문 아래에는 네모 네 칸이 있는데 각 칸 아래는 모두 구름무늬로 장식되어 있으며 위에는 6개의 세로 창살이 있다. 나무와 문 사이에는 붉은 구름이 감돌고 있다(그림 4-80, 벽화 58).

[벽화 58] 북삼가 3호 무덤 묘도 동벽 소나무 그림

ⓑ 북삼가 3호 무덤 묘도 서벽 출행도

　서쪽 벽에는 네 사람, 수레 한 대, 낙타 두 마리, 개, 고양이 각 한 마리씩 있다. 오른쪽에 있는 첫 번째 사람은 두 발을 밖으로 내딛어 서 있고 앞으로 몸을 기울이고 고개를 돌려 얼굴이 안쪽을 향한다. 수염이 있고 입을 벌리고 있어 말하는 것으로 보인다. 오른손으로 막대를 잡고 있는데 막대는 가로로 어깨 부분에 얹혀 있다. 머리에 교각 복두를 쓰고 검은 꽃무늬가 있는 직령의 짧고 푸른 두루마기를 입었는데 소매를 걷어붙이고 있다. 허리에 노란색 끈을 매고 하얀 바지에 하얀 신을 신고 있다. 2번째 사람은 다리를 벌리고 밖을 향하여 몸을 옆으로 하고 있다. 오른손으로 막대를 잡고 왼팔에는 고운 빛깔의 모포 하나를 끼고 있다. 고개를 들고 앞을 바라보는데 수염이 나 있다. 교각 복두를 쓰고 검은 꽃무늬가 있는 검은색 짧은 두루마기를 입고 소매를 걷어붙이고 연푸른 요대(腰帶)에 푸른 띠를 묶고 있다. 하얀 바지를 입고 있는데 다리 부분은 희미해서 알 수 없다. 2번째 사람 앞에는 2마리 낙타가 무릎을 꿇고 웅크리고 있는데 흰 낙타에 검은 굴레가 있다. 고삐는 구부러진 콧구멍을 뚫고 목덜미에 걸쳐져 있다. 목에 방울이 하나씩 달려 있고 낙타 머리는 밖을 향하고 있다. 낙타 앞에 바퀴가 높고 끌채(轅)[14]가 긴 낙타 수레가 있는데 바퀴는 붉은색이고 굴대 비녀장(舝)[15]은 검은색이다. 붉은 바큇살은 13가닥이다. 끌채의 두 머리는 모두 이수(螭首)로 장식되어 있고 덮개는 무전식(廡殿式)이다. 장막은 검은 바탕에 하얀 모란꽃이 그려져 있고 앞뒤 모두에 가마가 있다. 가마는 푸른색인데 앞의 가마는 매우 높고 좌우와 앞부분에 진홍색 가로줄무늬 깃발을 걸었다. 위에는 작은 꽃으로 장식하고 앞의 깃발은 말아 올렸다. 뒤의 가마는 매우 짧고 양쪽에 술이 달려 있다. 앞쪽 가마에서는 4개의 가는 막대기로 푸른 차양막을 지탱하는데 '人'자 모양이며 가운데를 접고 앞 처마에 술을 달았다. 녹색의 깃

---

[14]　수레의 양쪽에 길게 앞으로 나와 마소의 멍에를 매는 부분(출처: 네이버 사전)
[15]　차축 양쪽 구멍에 꽂아서 바퀴가 빠지지 않도록 하는 데 사용하는 핀(출처: 네이버 사전)

대 가운데에 개 머리를 그려 놓았고 앞쪽 끌채에 붉은 삼족 지지대를 이용해 받치고 있다. 왼쪽 낙타 앞에는 수레에 오를 2단의 나무 디딤이 구비되어 있다. 수레 뒷부분에 검은 고양이가 누워 있다.

　낙타 수레 끌채의 오른쪽에 안쪽으로 서 있는 사람은 두 손으로 골타를 잡고 다리를 굽혀 두 발을 내딛고 있다. 둥근 옷깃, 좁은 소매의 연녹색 두루마기를 입고 검은 신을 신고 검은 두건을 썼는데 얼굴 부분은 떨어져 나갔다. 수레 앞 오른쪽에 거란인이 서 있는데 두 손으로 골타를 집고 오른쪽 다리를 곧게 세우고 왼쪽 다리를 구부리고 왼쪽 발뒤꿈치를 들어 올려 휴식을 취하는 모습이다. 고개를 안쪽으로 숙이고 눈살을 찌푸리고 눈을 감고 있어 마치 졸린 듯이 보인다. 둥근 옷깃, 좁은 소매의 노란 두루마기를 입고 붉은 띠로 허리를 묶었고 치마는 허리띠 밑으로 걷어 올렸으며 신발에 연결된 흰 바지를 입고 있다. 바지 앞에서 줄 하나가 발등까지 곧게 내려가고 두 다리의 안쪽에서 위로 올라가는 이중 사선이 있다. 거란 남자 뒤에는 개 한 마리가 있어 머리를 밖으로 향해 두 귀를 쫑긋하고 머리를 들고 귀를 말고 있다. 입을 벌리고 혀를 내밀고 있으며 앞발은 곧게 하고 뒷발은 내딛고 있다.

[그림 4-81] 북삼가 3호 무덤 묘도 서벽 출행도

바깥쪽에는 동벽의 경우와 같이 3그루의 검은 소나무와 외짝 붉은 문이 그려져 있다. 3그루 중 가운데 그루는 우뚝 솟아 있고 앞뒤 2그루는 말라 부러져 있다. 문 아래에는 네모 4칸이 있는데 각 칸 아래에는 구름 도안이 장식되어 있고 위에는 6개의 세로 창살이 있다. 나무와 문 사이에 붉은 구름이 감돌고 있다(그림 4-81, 벽화 59).

[그림 4-81] 모사

[벽화 59] 북삼가 3호 무덤 묘도 서벽 출행도(부분)

④ 라마구 무덤 묘실 동벽의 출행도

　벽화에는 여섯 사람과 말 한 필, 개 한 마리가 그려져 있다. 인물들은 모두 반측신으로 안을 향하여 안팎의 2줄로 서 있다. 안쪽 줄의 4명은 모두 시녀이고 앞뒤 줄로 나뉘어 있다. 앞줄 첫 번째 사람은 두 손에 누런 둥근 경대를 들고 있고 교령, 좁은 소매의 연홍색 두루마기를 입고 있는데 두루마기 하단에 짙푸른 속치마가 내보인다. 발은 보이지 않고 흰 중단을 입고 누런 띠로 허리를 묶었다. 허리 앞 양쪽에는 허리 뒤쪽에 양쪽으로 비스듬하게 드리워진 띠 두 개가 있다. 머리는 높게 틀어 올렸는데 귀밑머리에서 곱슬머리 한 가닥이 늘어지고 앞을 보고 있다. 2번째 사람은 소년으로 두 손으로 둥근 부채를 들고 있다. 교령, 좁은 소매의 연푸른 두루마기와 누런 중단을 입고 두루마기 하단에 누런 속옷이 내보인다. 발은 보이고 않고 허리에 붉은 띠를 묶었다. 머리는 변발(髮發)이다. 즉, 두정부의 머리를 길러 한 가닥으로 묶고, 윗부분을 한 바퀴 돌려 깎아내고 그 아래 머리는 남겨두었다. 앞이마에서는 한 줄로 짧게 잘랐고 귀밑머리에서는 각각 한 가닥씩 곱슬머리가 늘어져 있다. 머리 뒤에서 긴 머리가 나부끼고 있고 앞을 보고 있다. 뒷줄 안쪽의 첫 번째 사람은 팔짱을 끼고 교령, 좁은 소매의 누런 두루마기를 입고 머리에는 퍼런 조건(條巾)을 둘렀다. 미소를 띠며 앞을 보고 있다. 2번째 사람 역시 팔짱을 끼고 교령, 좁은 소매의 짙푸른 두루마기를 입고 연푸른 속치마를 드러내고 있다. 머리에 푸른 조건을 두르고 머리를 높게 틀어 올렸고 눈썹을 세우고 있다.

　바깥 줄에는 2명의 거란 남자가 있는데 다리 부분은 떨어져 나갔다. 모두 반측신으로 말 머리 양쪽에, 안을 향해 서 있다. 안쪽 사람은 청년으로 삽수례(挿手禮)를 하고 있다. 둥근 옷깃, 좁은 소매의 짙푸른 두루마기와 누런 중단을 입고 허리띠를 묶었다. 두루마기의 양쪽 귀퉁이를 모두 허리띠 가운데에 끼워 누런 웃옷을 노출하고 아래는 짙푸른 좁은 바지를 입고 있다. 바깥쪽 사람은 말을 모는 연장자이다. 오른손에 말고삐를 쥐고 왼손에 막대를 잡았는데 어깨로 받치고 있다. 둥근 옷깃, 좁은 소매의 흰 두루마기와 흰 중단을 입고 푸른 허리띠를 묶었다. 두루마기 자락을 허리 앞 가운데에 끼워 연푸른 웃옷을 노출하고 있고 짙푸른 좁은 바지를 입고 있다. 머리를 밀었는데 한 가닥 땋은 머리는 뒷

[그림 4-82] 라마구 무덤 묘실 동벽 출행도

머리에서 나부끼고 있다. 팔자수염의 얼굴로 미소 짓고 있다. 말은 연홍색이고 안장과 고삐를 갖추고 있다. 푸른색 안교와 검은색 언치가 있고 꼬리를 치켜들고 있는데 꼬리가 한 바퀴 말려 있다. 고개를 들고 귀를 세워 앞을 바라보며 조용히 서 있는 모습이다. 말 왼쪽에 백구가 있는데 가는 허리, 큰 키, 튼튼한 다리가 있는 사냥개이다(그림 4-82, 벽화 60).

[벽화 60] 라마구 무덤 묘실 동벽 출행도

ⓢ 양산 1호 무덤 동서 양 벽의 출행도
ⓐ 양산 1호 무덤 묘도 동벽 출행도

동벽의 인물들은 모두 걷고 있는데 부분적으로 떨어져 나갔다. 9명의 사람이 그려져 있는데 8명의 보존 상태가 좋고 앞뒤 3조로 나뉘어져 있다(그림 4-83). 먼저 안에서 바깥쪽으로 첫 번째 조 4명은 우산을 받치고 있는데 가장 안쪽의 첫 번째 사람이 있는 벽화 부분은 많이 떨어져서 그의 옷자락만 남아 있다. 두 손으로 자루가 굽은 큰 우산을 움켜쥐고 있다. 다음 2명은 반쯤 몸을 안쪽으로 세우고 바깥쪽으로 머리를 숙이고 있고 네 번째 사람은 반쯤 몸을 바깥쪽으로 세우고 머리를 안쪽으로 숙여 세 번째 사람을 대하면서 말하고 있는 것 같다. 모두 둥근 옷깃, 넓은 소매의 두루마기를 입고 머리에는 교각 복두를 쓰고 검은 허리띠를 하고 있으며 짚신을 신었다. 소맷단은 모두 꽃매듭을 지었고 짧은 콧수염이 있다(벽화 61).

[그림 4-83] 양산 1호 무덤 묘도 동벽 출행도

[벽화 61] 양산 1호 무덤 묘도 동벽의 우산을 든 사람

다섯 번째, 여섯 번째 사람이 한 조인데 당연히 시봉자(侍奉者)들이다. 뒷사람은 반쯤 몸을 바깥쪽으로 세우고 고개를 돌려 우산을 잡고 있는 사람을 바라보며 부르고 있는 것 같다. 오른손을 가슴까지 들어 앞을 가리키는 모습이고 왼손에는 긴 사슬에 달린 단지를 들고 있다. 둥근 옷깃의 넓은 소매 두루마기를 입고 허리에 큰 띠를 묶고 있으며 소맷단에 꽃매듭을 지었고 짚신을 신고 있다(벽화 62). 앞사람은 호상(胡床; 접의자) 뒤에 바로 서 있는데 머리 부분은 떨어서 나갔고 두 손은 의지를 잡으려는 듯하다. 둥근 옷깃, 넓은 소매의 두루마기를 입고 짚신을 신었다. 호상은 아주 정교하게 만들어져 마찰식(馬扎式)으로 접을 수 있다. 앉는 자리는 노끈을 교차하여 비스듬하게 당겼고 양 옆에는 띠를 두르고 꽃매듭을 지었으며 등받이가 있다. 이음매와 팔걸이 양 끝 및 마찰(馬扎) 부분의 4개 가로목의 양 끝과 가운데 부분에는 별도의 철판을 씌우고 철판에는 대갈못을 일렬로 박아 놓았다(벽화 63).

[벽화 62] 양산 1호 무덤 묘도 동벽의 단지를 든 사람

[벽화 63] 양산 1호 무덤 묘도 동벽의 의자

제3조는 시위(侍衛)이다. 벽화에는 갑옷을 입은 무사 2명이 그려져 있는데 상반신은 모두 떨어져 나갔고 손에 긴 손잡이 무기를 잡고 있다. 검은 신을 신고 있고 반쯤 몸을 밖으로 하여 서 있다(벽화 64). 두 무사 앞에는 반쯤 몸을 안으로 하여 앉아 쉬고 있는 사람이 있다. 왼 다리를 곧게 펴고 오른 다리는 위로 올리고 있다. 두루마기를 입고 허리에 끈을 매고 짚신을 신었다.

[벽화 64] 양산 1호 무덤 묘도 동벽 무사

ⓑ 양산 1호 무덤 묘도 서벽 출행도

서벽 벽화의 상반부는 이미 많이 떨어졌지만 벽화 속에 4명의 사람과 말 한 필이 그려져 있는데 모두 앞으로 가고 있는 모습이다. 상반신은 전부 떨어져 나갔다. 앞의 세 사람은 모두 짧은 두루마기와 좁은 바지를 입고 짚신을 신었다. 말 뒤에 있는 사람은 넓은 소매의 두루마기를 입고 소매 끝에는 꽃매듭을 지어 놓았다. 말은 안장과 고삐를 갖추고 있으며 언치 아랫부분에는 술이 늘어져 있고 위에는 구름과 꽃무늬 도안을 수놓았다(그림 4-84).

[그림 4-84] 양산 1호 무덤 묘도 서벽 출행도

⑥ 양산 2호 무덤 묘도 동서 양 벽의 출행도

ⓐ 양산 2호 무덤 묘도 동벽 출행도

무덤 동벽에는 4명의 사람과 수레 한 대가 그려져 있다. 천장 가까이에 앞으로 나아가는 낙타 수레가 1대 그려져 있는데 위의 가마는 이미 많이 떨어져 나갔다. 키가 큰 붉은 낙타가 수레를 끄는데, 앞으로 내딛고 있는 두 다리만 남아 있다. 낙타 앞에 흰 신을 신은 사람이 있는데 신발 윗부분은 떨어져 나갔다. 다시 앞으로 와서, 두 번째 사람은 양손으로 골타를 잡아서 오른쪽 어깨에 기대놓은 듯하다. 그리고 두 발을 반쯤 벌려 내딛으며 앞으로 가고 있다. 머리를 밀었는데 얼굴 부분은 확실하지 않다. 둥근 옷깃, 좁은 소매의 붉은 두루마기를 입고 옷자락을 허리춤에 쑤셔 넣고 있다. 푸른 바지를 입고 붉은 신을 신었다. 세 번째 사람은 팔짱을 끼고 둥근 옷깃, 좁은 소매의 붉은 두루마기와 속에 흰 옷을 입었는데 겉옷 자락을 허리춤에 끼우고 있다. 몸을 반쯤 기울여 바깥으로 걸어 나가는 모습이고 붉은 신을 신고 있다. 네 번째 사람은 백구를 끌고 있는데 개가 뒤따라 걷는 모습이다. 흰색 짧은 두루마기를 입고 흰색 장화를 신고 있다. 머리를 밀었고 반측신으로 바깥으로 걷고 있다(그림 4-85).

[그림 4-85] 양산 2호 무덤 묘도 동벽 출행도

ⓑ 양산 2호 무덤 묘도 서벽 출행도

무덤의 서벽 벽화에는 3명의 거란 남자와 말 한 필이 그려져 있는데 모두 밖으로 가고 있다. 말은 단지 뒷다리 부분만 남아 있다. 안장과 고삐를 갖추고 있으며 꼬리를 묶었다. 백마는 아직 채색되지 않았다. 말 머리 옆에 한 사람이 서 있는데 푸른 두루마기를 입고, 하얀색 장화를 신고 있고 머리를 밀었다. 앞을 향하고 있는 두 번째 사람은 연푸른 두루마기와 좁은 흰 바지를 입고 붉은 신을 신고 검은 전모를 썼다. 3번째 사람은 두 손으로 막대를 잡고 있고 둥근 옷깃, 좁은 소매의 흰 두루마기를 입고 흰 신을 신고 허리띠를 묶고 있다(그림 4-86).

[그림 4-86] 양산 2호 무덤 묘도 서벽 출행도

ⓖ 한가와포 제2지점 2호 무덤 동서 양 벽의 출행도
ⓐ 한가와포 제2지점 2호 무덤 묘도 동벽 출행도

동벽에 세 사람과 말 한 필이 그려져 있고 안에서 밖으로 첫 번째 사람은 두 다리를 약간 벌리고 몸을 옆으로 하여 밖으로 서 있다. 둥근 옷깃, 좁은 소매의 흰색 장삼(長衫)을 입고 붉은 허리띠를 하고 흰 바지를 입고 있다. 짚신을 신고 흰 연각모(軟角帽)를 쓰고 두 손을 가슴에 두고 있다. 두 번째 사람은 첫 번째 사람의 안쪽에서 몸을 약간 밖으로 하여 서 있다. 둥근 옷깃, 좁은 소매의 두루마기를 입고 흰 허리띠를 하고 검은 신을 신었다. 검은 연각모를 쓰고 오른 어깨로 받친 붉은 마구(馬球) 월장(月杖)을 두 손으로 움켜잡고 있다. 세 번째 사람은 말 머리 왼쪽에 서 있다. 둥근 옷깃, 좁은 소매의 흰 장삼을 입고 흰 허리띠를 하고 흰 바지를 입었으며 짚신을 신었다. 검은 연각모를 쓰고 오른손에 고삐를 움켜잡고 가슴 앞에 있는 왼손으로 막대를 잡고 있다. 말은 청회색이고 머리를 밖으로 쳐들고 서 있다. 안장과 고삐를 갖추고 있고 재갈과 안교는 흰색이다. 언치는 엷은 회색인데 가장자리는 붉은색이고 가운데에 도안이 있다. 등자는 붉은색이고 뒤쪽 접섭대(䪓鞢帶)에는 흰 사각 장식이 있다. 띠와 가슴띠는 검은색이고 위에 흰 사각 장식이 있는데 은장식이다. 말의 맥수(麥穗)[16]와 말꼬

---

16   털이 보리 이삭처럼 더부룩하게 긴 가죽.

리는 모두 끈으로 묶고, 말의 위쪽과 사람 사이의 여백에는 여의형(如意形) 상운(祥雲) 두 송이를 그려 붉은색과 푸른색 두 가지 색을 칠하였다(그림 4-87, 벽화 65).

[그림 4-87] 한가와포 제2지점 2호 무덤 묘도 동벽 출행도

[벽화 65] 한가와포 제2지점 2호 무덤 묘도 동벽 출행도

ⓑ 한가와포 제2지점 2호 무덤 묘도 서벽 출행도

서벽에는 세 사람과 말 한 필이 그려져 있다. 안에서부터 밖으로 첫 번째 사람은 반쯤 몸을 밖으로 세우고 둥근 옷깃, 좁은 소매의 푸른 두루마기를 입고 푸른 허리띠를 묶고 있으며 하얀 바지를 입고 짚신을 신었다. 머리에 검은 연각모를 쓰고 머리를 약간 위로 치켜들고 두 손으로 붉은 지팡이를 가슴 앞에 쥐고 있다. 두 번째 사람은 반쯤 몸을 왼쪽으로 세우고 둥근 옷깃의 흰 두루마기를 입고 허리에 흰 띠를 묶고 흰 장화를 신었으며 검은 모자를 쓰고 왼손으로 허리띠를 쥐고 오른손은 가슴까지 들고 있다. 머리는 첫 번째 사람 쪽으로 돌리고 있는데 대화를 나누고 있는 것 같다. 세 번째 사람은 말 머리의 오른쪽에 서 있다. 반쯤 몸을 왼쪽으로 세우고 있는데 둥근 옷깃, 좁은 소매의 흰 장삼을 입고 흰 허리띠를 하고 흰 바지를 입고 짚신을 신고 검은 연각모를 썼다. 왼손으로 고삐를 쥐고 오른손에 오이 모양 골타를 쥐고 있다. 말은 청회색이고 오른쪽 뒷다리를 들어 올리고 나머지 세 다리로 서 있다. 고개를 들어 올리고 귀를 세우고 있다. 안장과 고삐를 갖추고 있고 검은 재갈과 푸른 안교가 있으며 연회색의 언치 가장자리는 붉은색이고 가운데에 도안이 있다. 붉은 등자에 뒤쪽 접섭대(蹀蹀帶)에는 흰 사각 장식이 있다. 띠와 가슴띠는 검은색이고 위에 흰 사각 장식이 있는데 은장식이다. 말꼬리를 얽어 묶었다. 말과 사람 사이의 여백에는 여의형 상운 두 송이를 그려 붉은색과 푸른색을 칠하였다(그림 4-88, 벽화 66).

[그림 4-88] 한가와포 제2지점 2호 무덤 묘도 서벽 출행도

[벽화 66] 한가와포 제2지점 2호 무덤 묘도 서벽 출행도

⑧ 한가와포 제2지점 6호 무덤 묘도 동서 양 벽의 출행도

ⓐ 한가와포 제2지점 6호 무덤 묘도 동벽 출행도

동벽에 다섯 사람과 말 한 필이 그려져 있다. 안에서부터 밖으로 첫 번째 사람은 약 반쯤 몸을 오른쪽으로 세우고 두 손으로 골타를 잡고 있으며 둥근 옷깃, 좁은 소매의 흰 장삼에 흰 바지를 입고 짚신을 신었으며 검은 모자를 쓰고 짧은 콧수염이 있다. 두 번째 사람은 밖을 향해 말 엉덩이의 안쪽에 서 있는데 왼쪽 어깨에 장궁과 활자루를 메고 있고 오른 어깨에는 우미전(羽尾箭)이 들어 있는 화살통이 있다. 두 손으로 어깨의 활자루와 화살통을 꽉 쥐고 있다. 둥근 옷깃, 좁은 소매의 흰 장삼에 흰 중단을 입고 흰 허리띠를 하고 있다. 세 번째 사람은 말 엉덩이의 오른쪽에 서 있고 몸을 반쯤 기울여 오른쪽으로 서서 두 발을 벌리고 있다. 왼손 부분은 떨어져 나갔고 오른손은 가슴께로 올리고 있고 둥근 옷깃, 좁은 소매의 흰 장삼과 흰 중단을 입고 흰 허리띠에 흰 바지를 입고 있으며 짚신을 신고 머리에 검은 교각 복두를 쓰고 있다. 4번째 사람은 말 머리 왼쪽에 몸을 반쯤 안으로 해서 두 발을 벌려 서 있다. 오른손에 말고삐를

쥐고 왼손은 가슴께로 올리고 있고 둥근 옷깃, 좁은 소매의 흰 장삼과 흰 중단을 입고 흰 허리띠에 흰 바지를 입고 있다. 짚신을 신고 머리에 검은 교각 복두를 쓰고 있으며 짧은 수염이 있다. 5번째 사람은 반쯤 몸을 오른쪽으로 서서 두 손에 오이 모양의 골타를 잡고 둥근 옷깃, 좁은 소매의 흰 장삼을 입고 흰 허리띠에 흰 바지를 입고 있다. 검은 장화를 신고 있는데 장화 입구에는 흰 테두리를 둘렀다. 귀밑머리 두 가닥을 땋았는데 앞으로 살랑살랑 나부끼고 있고 짧은 수염이 있다. 말은 청회색이고 머리를 밖으로 저들고 서 있다. 안장과 고삐를 갖추고 있고 검은 재갈과 흰 안교가 있고 흰 언치 위에 도안이 그려져 있다. 검은 접섭대 위에 하얀 장방형 장식이 있고 띠와 재갈 위에 하얀 방형 장식이 있는데 당연히 은 장식이다. 말꼬리 중간을 노끈으로 묶었다. 화면 위의 여백에 여의상운을 그렸고 떨어져 나간 부분은 볼 수 없다(그림 4-89, 벽화 67).

[그림 4-89] 한가와포 제2지점 6호 무덤 묘도 동벽 출행도

[벽화 67] 한가와포 제2지점 6호 무덤 묘도 동벽 출행도

ⓑ 한가와포 제2지점 6호 무덤 묘도 서벽 출행도

서벽에는 네 사람과 수레 하나, 낙타 두 마리가 그려져 있다. 벽화 오른쪽 첫 번째 사람은 몸을 반쯤 오른쪽으로 세우고 두 발을 약간 벌리고 두 손으로 골타를 잡고 있다. 좁은 소매의 흰 장삼을 입었는데 붉은 안감이 보이고 붉은 비단 허리띠에서 늘어진 2가닥 흰 띠가 나부끼고 있다. 흰 바지를 입고 짚신을 신었으며 검은 모자를 썼는데 얼굴은 떨어져 나갔다. 두 번째 사람은 반측신으로 가마 안을 향하는데 머리 부분은 떨어져 나가고 입과 아래턱만 남아 있다. 흰 두루마기를 입고 두 손은 가슴께에 모으고 있다. 세 번째 사람은 여자로 반측신으로 가마 안을 향하고 있고 입령(立領), 좁은 소매의 붉은 단삼(短衫)과 푸른 주름치마를 입고 두 손을 가슴께에 모으고 있다. 머리를 틀어 올리고 붉은 머리띠를 하고 있는데 머리띠 가장자리에는 작은 원형 장식물이 있다. 눈썹이 맑고 눈이 아름답다. 네 번째 사람은 낙타 수레 앞에 있는데, 반측신을 왼쪽으로 세우고 두 손으로 가슴 앞에 의장(儀仗)을 잡고 둥근 옷깃, 좁은 소매의 흰

색 장삼과 흰색 중의를 입고 흰색 바지와 검은색 장화를 신고 있다. 장화 입구에는 흰 테두리를 두었다. 머리를 밀고 귀밑머리 두 가닥을 땋았는데 약간 뒤에서 나부끼고 있다. 짧은 수염이 있다. 낙타 수레는 긴 끌채가 있고 높다. 낙타는 담홍색이고 굴대 비녀장은 검은색이며 남아 있는 덧방나무(輔)17는 11개로 일부는 떨어져 나갔으며 끌채 머리는 이수(螭首)로 되어 있다. 앞뒤로 가마가 있는데 푸른색이다. 앞의 것은 아주 높고 주변에 술이 달려 있다. 4개의 흰색 나무 기둥으로 받치고 있는데 앞의 2개는 끌채 끝에 비스듬히 괴고 동시에 2개를 이용해 검은 노끈을 끌채 머리에 묶었다. 뒷 수레는 약간 낮으며 앞쪽에 검은 모서리 기둥 6개가 있고 가장자리에 작은 원형 장식물이 있다. 낙타 수레의 뒤쪽은 모두 떨어져 나갔다. 앞 끌채는 흰색 삼족 지지대를 이용하여 받쳐주고 있다. 수레 끌채 왼쪽에 흰색 쌍낙타가 무릎을 꿇고 앉아 있는데 검은색 혹과 검은색 고삐가 있다. 고삐가 낙타 콧구멍을 뚫고 목덜미에 걸쳐져 있다. 전체 화면의 윗부분은 이미 많이 떨어져 나가 단지 몇 군데의 여의 형상만이 남아 있다(그림 4-90, 벽화 68).

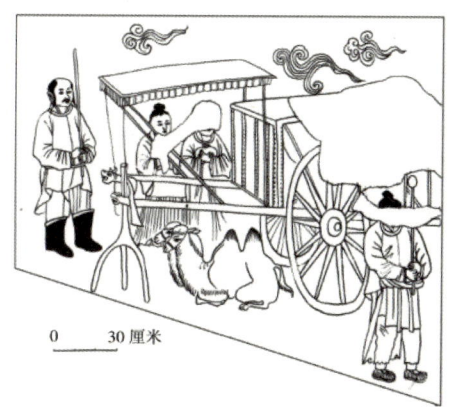

[그림 4-90] 한가와포 제2지점 6호 무덤 묘도 서벽 출행도

---

17   수레의 양쪽 가장자리에 덧대는 나무

[벽화 68] 한가와포 제2지점 6호 무덤 묘도 서벽 출행도

⑨ 산저 무덤 묘실 남벽의 인마도(引馬圖)와 동북벽의 의장도(儀仗圖)
ⓐ 산저 무덤 묘실 남벽 문 좌측 인마도

인마도에는 한 사람과 말 한 필이 있다. 사람은 말 머리 오른쪽에 서 있는데 왼손에 채찍을 들고 오른손으로 고삐를 쥐고 있다. 둥근 옷깃의 연회색 장삼을 입고 흰 바지에 흰 장화를 신었다. 검은 교각 복두를 쓰고 머리는 약간 위로 우러르고 있다. 붉은 얼굴에 미소를 띠고 있다. 붉은 말은 머리를 치켜들고 서 있고 흰색 안교에는 권초문(卷草紋)과 화초 도안이 있고 흰색 언치의 가장자리에는 검은색의 굽은 테두리가 있다. 그 안에는 권초화문과 검은 띠를 그려 놓았다(그림 4-91, 벽화 69).

[그림 4-91] 산저 무덤 묘실 남벽 문 좌측 인마도(引馬圖)

[벽화 69] 산저 무덤 묘실 남벽 문 좌측 인마도

3장 벽화 내용의 분석

ⓑ 산저 무덤 묘실 동북벽 의장도

의장도에는 두 사람이 그려져 있다. 왼쪽에 있는 사람은 두 발을 벌려 서 있고 두 손으로 왼 어깨에 기댄 검은 우산을 잡고 있다. 둥근 옷깃, 좁은 소매의 연푸른 장삼을 입고 붉은 허리띠를 하고 양쪽 소매를 걷어붙이고 있다. 장삼자락을 허리에 끼워 넣었는데 안감은 붉은색이다. 흰색 좁은 바지를 입고 있는데 무릎 아래와 발목에 붉은 대님을 감고 있고 짚신을 신었다. 오른쪽 사람은 발을 벌려 서 있고 두 손으로 골타를 잡고 오른 어깨에 기대 놓고 있다. 붉은 골타 막대가 둥근 쇠장신구에 끼워져 있다. 둥근 옷깃, 좁은 소매의 흰 두루마기를 입고 붉은 허리띠를 하고 있으며 그 아래에 접섭대가 있고 붉은 중단과 하얀 바지를 입고 있다. 흰 장화를 신었는데 장화 입구에 붉은 테두리가 있다. 검은 교각 복두를 썼으며 복두 중앙에 꽃 한 송이가 있고 정수리에 2가닥의 검은 띠가 있고 짧은 수염이 있다(그림 4-92, 벽화 70).

[그림 4-92] 산저 무덤 묘실 동북벽 의장도(儀仗圖)

[벽화 70] 산저 무덤 묘실 동북벽 의장도

(5) 군사 및 호위

1) 군사

① 양산 1호 무덤 묘도 서벽의 기고도(旗鼓圖)

5기의 깃발과 5개 북의 그림이다(그림 4-93). 뒤에 있는 깃발 5기는 2줄로 나눠 묶어 땅에 꽂아 놓았다. 앞줄의 두 깃발은 깃대를 서로 교차하는데 흑백의 깃발이 바람에 펄럭인다(벽화 71). 안쪽의 세 깃대는 하나로 묶어 놓았는데 깃대 하단에 창모양 머리를 한 테를 붙여 놓았다(벽화 72). 북 5개는 앞뒤 두 줄로 나눠 앞에 3개, 뒤에 2개가 있다. 북통은 붉은색이고 둥근 장식 도안이 있다(벽화 73).

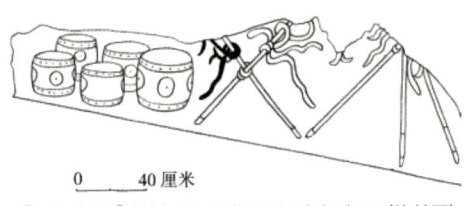

[그림 4-93] 양산 1호 무덤 묘도 서벽 기고도(旗鼓圖)

[벽화 71] 양산 1호 무덤 묘도 서벽 오기도(五旗圖)(바깥쪽)

[벽화 72] 양산 1호 무덤 묘도 서벽 오기도(안쪽)

[벽화 73] 양산 1호 무덤 묘도 서벽 오고도(五鼓圖)

② 양산 3호 무덤 묘도 동벽의 장군도(將軍圖)

그림에는 몸에 갑옷을 걸치고 머리에 투구를 쓰고 검은 깃발을 메고 백마를 탄 장군이 남아 있다. 왼손에 깃발을 들고 오른손에 고삐를 잡고 있는데 어깨의 망토는 뒤로 펄럭이고 있다. 용모가 수려하고 잘생겼다. 말은 고개를 들고 귀를 세워 앞을 바라보고 있고 깃발은 뒷쪽으로 펄럭이고 있어 말이 앞으로 가고 있음을 나타낸다(그림 4-94, 벽화 74).

[그림 4-94] 양산 3호 무덤 묘도 동벽 장군도(將軍圖)

[벽화 74] 양산 3호 무덤 묘도 동벽 장군도

③ 산저 무덤 묘실 동남 벽의 무사도(武士圖)

무사로 보이는 남자 한 명이 반측신으로 오른쪽으로 서서 두 손을 가슴께로 모으고 있다. 왼쪽 허리에 있는 검은 활주머니에는 붉은 도안이 있고 오른쪽 허리에는 화살통이 있다. 둥근 옷깃, 좁은 소매의 연푸른 두루마기를 입고 붉은 허리띠를 하고 있으며 흰 장화를 신고 있다. 머리를 밀고 왼쪽 귀밑머리와 귀 뒤로 머리를 땋아 약간 뒤로 나부끼고 있다. 짧은 수염이 있고 얼굴이 붉다(그림 4-95, 벽화 75).

[그림 4-95] 산저 무덤 묘실 동남벽 무사도(武士圖)

[벽화 75] 산저 무덤 묘실 동남벽 무사도

2) 호위

① 백탑자 무덤 천정 동벽의 문리도(門吏圖)

벽화에 골타를 잡고 있는 거란족 문지기가 있다. 키는 140cm이고 머리를 밀었으며 밖을 바라보고 있다. 눈썹을 세우고 눈을 부릅뜨고 있으며 누런 귀고리를 하고 진갈색 두루마기를 입고 허리에 검은 접섭대를 묶고 띠 오른쪽에 고리 하나를 늘어뜨리고 있다. 검은 신을 신었다(그림 4-96, 벽화 76).

[그림 4-96] 백탑자 무덤 천정 동벽 문리도(門吏圖)

[벽화 76] 백탑자 무덤 천정 동벽 문리도

② 북삼가 1호 무덤 묘문 서쪽의 문리도

벽화에 거란인 문지기가 있는데 안쪽으로 몸을 기울이며 서 있다. 귀고리를 하고 머리를 밀고 양쪽 귀밑머리에 땋은 머리가 늘어져 있는데 머리카락 끝이 귀고리를 관통해 뒤쪽으로 나부끼고 있다. 수염이 있다. 두 손으로 진홍색 막대를 쥐고 있고 둥근 옷깃, 좁은 소매의 녹색 두루마기를 입고 검은 신을 신고 있다. 키는 157cm이다(벽화 77).

[벽화 77] 북삼가 1호 무덤 묘문 서쪽 문지기

③ 하만자 5호 무덤 묘문 외 동서 양 벽의 문리도

문밖의 양쪽 벽에 각각 교각 복두의 남자가 그려져 있다. 모두 삽수례(挿手禮)로 서로 반측(半側)으로 마주 서 있는데 묘주인을 맞이하는 것 같다. 동벽의 사람은 머리 부분과 우측 어깨 대부분이 떨어져 나갔다. 큰 부분의 그림은 문 정면 벽 위에 있고 작은 그림은 측면 벽에 그려져 있다. 둥근 옷깃, 넓은 소매의 연푸른 두루마기와 녹색 중단을 입고 녹색 비단 허리띠를 묶고 긴 수염이 있다. 서벽은 대부분 측면 벽에 그려져 있다. 작은 부분 그림은 정면 벽 위에 있고 둥근 옷깃, 넓은 소매의 푸른 두루마기와 주황색 중단을 입고 허리에 붉은 비단 띠를 묶고 흰 신을 신고 긴 수염을 길렀다. 두 사람의 복두에는 꽃이 꽂혀있고 머리 위에는 모란꽃 한 송이가 그려져 있다(벽화 78).

[벽화 78] 하만자 5호 무덤 묘문 외 서벽(왼쪽)·동벽(오른쪽) 문지기

④ 양산 1호 무덤 용도 동서 양 벽의 문리도

용도의 양쪽 벽에 각각 문지기가 그려져 있다. 머리 부분은 모두 떨어져 나갔거나 벽돌을 뜯어내어 훼손되었다. 동쪽 벽의 문지기는 정면으로 서 있고 두 손으로 골타를 잡고 있다. 둥근 옷깃, 좁은 소매의 누런 두루마기와 붉은 중단을 입고 붉은 허리띠를 하고 붉은 신을 신고 있다. 서쪽 벽의 문지기는 두 손으로 우산을 잡고 있다. 반측신을 안으로 세우고 둥근 옷깃, 좁은 소매의 흰색 짧은 두루마기를 입고 붉은 허리띠를 하고, 좁은 바지를 입고 하얀 신을 신었다(그림 4-97).

[그림 4-97] 양산 1호 무덤 용도 서벽(왼쪽)·동벽(오른쪽) 문지기

⑤ 양산 2호 무덤 묘문 양쪽의 문리도

누런 막대를 갖고 있는 거란인 문지기를 양쪽에 그렸다. 그들은 모두 반쯤 문 쪽으로 몸을 기울여 마주 섰다. 둥근 옷깃, 좁은 소매의 붉은 두루마기와

[그림 4-98] 양산 2호 무덤 묘문 양측 문지기

검은 중단을 입고 검은 신을 신고 허리를 묶었다. 머리를 밀고 앞이마를 다듬고 두 갈래로 땋은 귀밑머리만 남겼다(그림 4-98).

⑥ 양산 3호 무덤 묘문 양쪽의 문리도

묘문 양쪽에 각각 거란인 문지기를 그렸다. 둘은 반측신으로 마주 서 있는데 옷차림새나 들고 있는 병기가 서로 같다. 두 손으로 오이 모양 골타를 잡고 있고 자루에는 대나무 마디 모양 문양이 있다. 허리에 긴 칼을 차고 있는데 검은 칼집에 들어있고 칼집에는 구름 모양 문양이 있다. 칼에는 란(欄)이 있고 손잡이 끝은 3개의 꽃잎 모양이며 올가미(繩套)가 묶여 있다. 둥근 옷깃, 좁은 소매의 푸른 두루마기와 누런 중단을 입고 누런 허리띠를 하고 검은 신을 신었다. 머리를 밀고 귀밑머리 두 가닥만 땋아 귀밑에서 흘러내렸다. 얼굴에 미소를 띠고 입을 벌리고 있는 것이 서로 대화중인 것 같다(그림 4-99, 벽화 79; 그림 4-100, 벽화 80).

[그림 4-99, 4-100] 양산 3호 무덤 묘문 서쪽과 동쪽의 문지기

[벽화 79, 80] 양산 3호 무덤 묘문 서쪽과 동쪽의 문지기

⑦ 한가와포 제2지점 2호 무덤 천정 동서 양 벽의 문리도

 천정의 동서 양 벽에 각각 문지기 한 명씩 그려져 있다. 둘 다 반측신으로 문을 향해 서 있는데 옷차림새와 들고 있는 병기가 서로 같다. 문지기는 두 손으로 오이 모양 푸른색 골타를 잡고 있고 둥근 옷깃, 좁은 소매의 장삼을 입고 안에는 푸른색 중단을 입었으며 흰 바지를 입고 검은 장화를 신었다. 장화 입구에는 흰 테두리가 있다. 머리에는 검은 연각모를 쓰고 짧은 수염을 길렀다. 문지기 앞뒤와 위쪽 여백에는 여의형 채색 구름이 그려져 있고 구름 뭉치 사이에 붉은색과 푸른색으로 칠한 둥근 음양 도안이 그려져 있다(그림 4-101, 벽화 81; 그림 4-102, 벽화 82).

[그림 4-101, 4-102] 한가와포 제2지점 2호 무덤 천정 서벽(왼쪽)·동벽(오른쪽) 문지기

[벽화 81, 82] 한가와포 제2지점 2호 무덤 천정 서벽(왼쪽)·동벽(오른쪽) 문지기

⑧ 한가와포 제2지점 2호 무덤 용도 동서 양 벽의 문리도

서쪽 벽에 반쯤 몸을 왼쪽으로 세우고 있는 문지기 2명을 그렸다. 왼쪽의 시위(侍衛)는 오른쪽 어깨에 기댄 막대를 두 손으로 잡고 있고 몸의 왼쪽 절반은 둥근 옷깃, 좁은 소매의 붉은 장삼을 비스듬히 걸치고 왼쪽 절반과 팔은 푸른 속옷을 드러내고 있다. 흰 허리띠를 하고 있는데 배 부분 아래로 두 가닥 붉은 댕기가 드리워져 있다. 흰 바지를 입고 검은 장화를 신었는데 장화 입구에는 흰 테두리가 있다. 검은 연각모를 쓰고 입술은 붉게 칠했으며 짧은 수염이 있다. 오른쪽 시위는 오른쪽 어깨에 비스듬히 멘 골타를 두 손으로 잡고 있다. 둥근 옷깃, 넓은 소매의 연황색 장삼을 입고 배 부분 아래로 두 가닥 푸른 댕기가 드리워져 있다. 흰 바지를 입고 검은 장화를 신었는데 장화 입구에는 흰 테두리가 있다. 검은 연각모를 쓰고 입술은 붉게 칠했으며 짧은 수염이 있다(그림 4-103, 벽화 83).

동쪽 벽에 반쯤 몸을 왼쪽으로 세우고 있는 문지기 2명을 그렸다. 왼쪽의 시위는 두 손으로 골타를 잡고 있는데 둥근 옷깃, 좁은 소매의 흰 장삼을 입고 배 부분 아래로 흰 댕기가 드리워져 있고 흰 바지를 입었다. 검은 장화를 신었는데 장화 입구에 흰 테두리가 있다. 검은 연각모를 쓰고 입술은 붉게 칠했으며 짧은 수염이 있다. 오른쪽 시위는 오른쪽 어깨에 비스듬히 멘 막대를 두 손으로 잡고 있다. 몸의 오른쪽 절반은 교령, 좁은 소매의 흰 장삼을 비스듬히 걸치고 왼쪽과 팔은 푸른 속옷을 드러내고 있다. 배 부분 아래로 두 가닥 붉은 댕기를 드리우고 흰 바지를 입었다. 검은 장화를 신었는데 장화 입구에 흰 테두리가 있다. 검은 연각모를 쓰고 입술은 붉게 칠했으며 짧은 수염이 있다. 시위의 위쪽에는 채색 구름과 붉은색과 푸른색으로 칠한 둥근 음양 도안을 그렸다(그림 4-104, 벽화 84).

[그림 4-103, 4-104] 한가와포 제2지점 2호 무덤 용도 서벽(왼쪽)·동벽(오른쪽) 문지기

[벽화 83, 84] 한가와포 제2지점 2호 무덤 용도 서벽(왼쪽)·동벽(오른쪽) 문지기

⑨ 산저 무덤 묘실 서남 벽의 문리도

머리와 허리 부분이 떨어져 나갔는데 두 발을 좌우로 벌려 서 있다. 왼 어깨에 비스듬히 기댄 붉은 골타를 두 손으로 잡고 있고 좁은 소매의 흰 두루마기를 입고 붉은 허리띠를 하고 있는데 두루마기 양 가장자리에는 붉은 댕기가 있다. 흰 장화를 신었는데 장화 입구에 붉은 띠를 묶었다. 검은 교각 복두를 썼다(그림 4-105, 벽화 85).

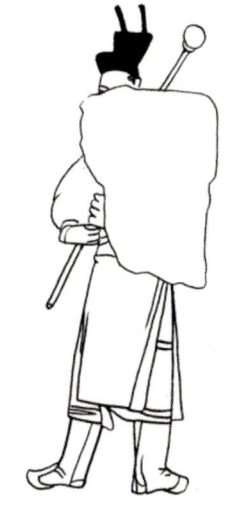

[그림 4-105] 산저 무덤 묘실 서남벽 문지기

[벽화 85] 산저 무덤 묘실 서남벽 문지기

(6) 가구

단독으로 진열된 가구는 두 예만 볼 수 있으며 모두 족자이다.

① 칠가 2호 무덤 묘실 북벽의 조병도(條屛圖)

화면은 6폭의 세로축 족자이며 각 폭의 상단은 직벽과 둥근 천정의 교차점까지이다. 먹줄이 격자와 갈마드는 것이 족자의 테두리이며 각 작은 칸의 안쪽 하단 모서리에 작은 검은 무늬의 넓은 가장자리를 메꾼 것이 족자의 표호(裱[18]糊) 비단 표시이다. 각 족자에는 가지와 잎이 무성한 화초가 한무더기씩 그려져 있는데 모란, 월계, 매화와 국화 등 서로 같지 않게 그려져 있다. 폭과 폭 사이에는 주황빛이 도는 땅이 밝게 드러난다(그림 4-106, 벽화 86).

[그림 4-106] 칠가 2호 무덤 묘실 북벽 조병도(條屛圖)

[벽화 86] 칠가 2호 무덤 묘실 북벽 조병도(부분)

---

[18] 장황(裝潢·粧潢: 비단이나 두꺼운 종이를 발라서 책이나 화첩(畵帖), 족자 따위를 꾸미어 만듦) (출처: 네이버 사전).

② 한가와포 제1지점 1호 무덤 묘실 북벽의 조병도

화면의 절반은 이미 떨어져 나갔고, 전체 북벽은 모두 6폭의 세로 조폭(條幅)[19]으로, 가운데는 먹줄로 나눴고 먹줄 위에 또 푸른 넓은 띠를 그려 마치 액자 같다. 화폭은 둘씩 마주보고 왼쪽 첫 번째와 오른쪽 첫 번째가 같으며 모두 가지와 잎, 꽃이 그려져 있고 일부 꽃은 붉은색으로 칠해져 있다. 왼쪽 2번째 폭과 오른쪽 2번째 폭이 같으며 연꽃은 꽃잎 부분을 붉게 칠했다. 가운데 두 폭도 서로 같이 태호석(太湖石)이 그려져 있는데 돌 뒤에 국화가 그려져 있고 꽃과 잎의 일부가 붉게 칠해져 있다. 태호석은 푸른색과 검은색이 같이 번져있다(그림 4-107, 벽화 87).

[벽화 87] 한가와포 제1지점 1호 무덤 묘실 북벽 조병도

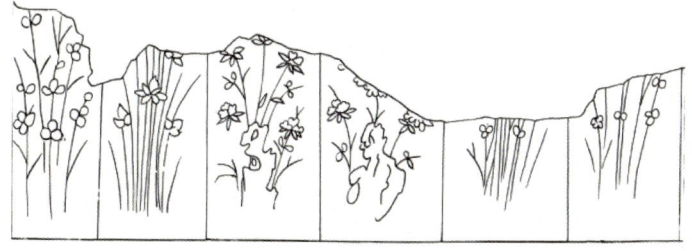

[그림 4-107] 한가와포 제1지점 1호 무덤 묘실 북벽 조병도

---

19   세로로 된 (글씨나 그림의) 족자. [가늘고 긴 것을 '小条儿'·'小挑儿'이라 하고, 한 폭으로 된 것은 '单条', 여러 폭으로 된 것은 '条屏'이라고 함] (=条扇, 挑扇, 挑儿)(출처: 네이버 사전).

(7) 화폐와 대차(貸借)

내용이 분명한 경우는 화폐도(貨幣圖)와 차대도(借貸圖) 두 가지 사례만 볼 수 있다.

① 북삼가 1호 무덤 서쪽 측실의 화폐도(貨幣圖)

이실 문 양 벽에 각각 남자 하인을 그려 넣었는데 북벽의 한 사람은 초립(草笠)을 쓰고 흰 상의와 바지를 입고 짚신을 신었는데 남벽이 떨어져 나가 잘 알 수 없다. 묘실 안 서쪽 벽에 뚜껑이 열린 흰 상자가 그려져 있다. 상단 뚜껑 가운데에 녹색의 상적(箱吊)이 있고 상적 위는 사각형이고 아래에는 권비(卷鼻)가 있다. 상자 안에 말려 있는 물건이 놓여 있는데 비단 종류인 것 같다. 교차로 놓인 은정(銀鋌) 모양의 물건도 2개 그려져 있다. 상자는 자모구(子母口)로 4개의 다리가 있고 높이 37cm, 길이 50cm, 폭 40cm이다. 서쪽 벽에는 화면이 가득하다 (벽화 88).

[벽화 88] 북삼가 1호 무덤 서측실 서벽 상자

서남 벽화에는 위아래 2줄로 두루마리 모양의 물건이 있는데 서너 권을 한 조로 하여 배치에도 순서가 없고 백록색 2색으로 나누어져 있다. 동남쪽 벽 위에는 2뭉치의 두루마리가 그려져 있고 그 아래에는 가로로 잠긴 상자가 그려져 있으며 상자에는 정교한 상자 받침대가 새겨져 있는데 상자보다 크다. 서북 벽에는 높은 탁자와 탁자 위에 놓인 네모난 상자와 꽃이 그려져 있다. 탁자 둘레에는 권운문 도안을 둘렀고 다리는 녹색 구름판형이다. 동북 벽의 위에 교차하여 놓여 있는 '은정' 모양의 물건 2조(組)가 그려져 있다. 아랫부분은 떨어져 나가고 벗겨지고 얇은 선만 남아 있다(벽화 89).

[벽화 89] 북삼가 1호 무덤 서측실 서벽 은정(銀鋌)

② 북삼가 3호 무덤 동벽의 차대도(借貸圖)

몸싸움을 하고 있는 한 노인과 한 소년의 모습이 그려져 있다. 안쪽 사람이 노인인데 다리를 벌려 활 쏘는 자세로 안쪽으로 몸을 기울여 소년을 쏘아본다. 양팔을 걷어 올리고 왼손으로 소년의 옷을 잡아당기고 오른 주먹을 불끈 쥐고 몸싸움을 하고 있다. 머리에 압미식(鴨尾式) 두건을 쓰고 네모난 옷깃의 흰 웃옷과 바지를 입고 짚신을 신었다. 소년은 바깥에 서서 몸을 굽혀 노인에게로 향해 있다. 왼손으로 옷깃을 잡고 노인에게서 벗어나려 하는 모습을 하고 오른손에는 그물주머니를 들어 올리며 두 눈으로 노인을 바라보는데 얼굴에 뉘우치는 기색이 있어 노인에게 용서를 간청하는 것 같다. 노인의 머리 위에는 묵서로 "이 것은 유삼이 돈을 취한 것이다"라고 쓰여 있고 소년의 위쪽에는 묵서 "일오백" 이라고 적혀 있다(그림 4-108, 벽화 90).

[그림 4-108] 북삼가 3호 무덤 묘도 동벽 차대도(借貸圖)

[벽화 90] 북삼가 3호 무덤 묘도 동벽 차대도

4장
오한기
벽화무덤의 특징

4장 오한기 벽화무덤의 특징

이들 무덤의 특징을 정리해보면 다음과 같다. 가장 눈에 띄는 특징은 인물화를 중심으로 그려졌다는 것이다. 그림의 대상은 매우 다양해서 귀족, 시종, 노비, 어린이, 악대 등 모든 분야의 사람들이 다 그려져 있다. 인물상의 내용은 거란인 상과 한인(漢人) 상으로 신분에 따라 묘주인, 신리(臣吏), 시위(侍衛), 시종(侍從), 기악(伎樂)인물 등으로 나눌 수 있다.

각 신분의 차이는 그림 내에서 외모, 표정, 복장 등으로 드러난다. 예로 [그림 4-89, 4-90]의 왼쪽 그림은 어느 귀족이 행차를 위하여 마차를 준비하는 과정을 그린 것인데, 그 마차 주위에 시종들이 누군가를 기다리고 있는 모습이다. 오른쪽은 마차가 아니라 말을 준비하는 모습인데 말 뒤에 한 사람이 활을 메고 서 있는 모습이다. 이 사람이 말을 탈 사람인지, 아니면 말을 탈 사람을 지키는 무사인지는 알 수 없으나 분명하게 주변 시종들과는 다른 직책으로 보인다.

[벽화 4-81] 모사-북삼가 무덤 출행도

[그림 4-89] [그림 4-90] 한가와포 제2지점 6호 무덤 벽화

[그림 4-62] 양산 1호 무덤 천정 동벽 고악도 및 남벽 동쪽 격고도   [그림 4-66] 한가와포 제2지점 6호 무덤 용도 동벽 고악도

한편 악공들은 [그림 4-62, 4-66]처럼 매우 다양한 악기들을 연주하고 있는데, 단체복을 입은 것으로 보아 별도의 악대들이 존재하였던 것으로 보인다.

　사냥과 관련된 그림들은 대부분 귀족들의 무덤에서 볼 수 있다. 유목은 거란의 주요 생활 방식이었고 사냥은 부차적인 보완 수단이었다. [벽화 16]은 일반 평민들이 사냥을 나가는 모습이다. 이 사람들의 모자를 쓰지 않은 머리 모습은 정수리 머리를 솎아내어 변발을 한 모습이다. 각각 무기를 들고 있는데 독수리(매?)도 사냥의 도구로 쓰고 있는 것을 볼 수 있다.[20] 그러나 [그림 4-21]에서

---

[20]　현재 몽골의 독수리 사냥과 연결을 해볼 수 있다.

[벽화 16] 라마구 무덤 묘실 서벽 비렵도(備獵圖)

[그림 4-21] 칠가 1호 무덤 천정 사냥 그림

4장 오한기 벽화무덤의 특징   239

느낄 수 있듯이 요나라 귀족들은 사냥을 놀이의 의미로 좋아했다.

[그림 4-70, 벽화 49]처럼 말을 타고 공놀이를 하는 그림은 보기 드물게 찾을 수 있다. 이는 당시 많은 거란사람들이 즐겼을 1000여 년 전의 운동인 것이다.

[그림 4-70] 칠가 1호 무덤 묘실 서남벽 마구

[벽화 49] 피장구 1호 무덤 마구도(馬球圖)

'연음도(宴飮圖)'라 표현하는 잔치하는 그림이 많이 그려져 있다. 주로 음식을 준비하는 모습, 다 준비한 음식을 나르는 모습, 이 음식으로 손님을 접대하는 모습 등을 여러 단계로 나누어 모두 담고 있다. 우유와 고기를 먹고 술을 마시는 풍습과 바닥에 털로 짠 듯한 깔개를 깔고 낮은 탁자를 놓고 앉아 있는 모습 등을 확인할 수 있다. 이와 더불어 집안에서 사용하였던 것으로 보이는 여러 가구도 보이는데 당시 사회를 연구하는 데 중요한 내용들이다.

[그림 4-56] 육간방 무덤 묘실 동벽 비음도

[그림 4-32] 하만자 1호 무덤 묘실 동벽 연음도

 이런 그림 중에는 다양한 그릇과 여러 음식, 그리고 술잔을 비롯한 여러 술과 관련된 도구들도 그려져 있다. 그림에서 나오는 대부분의 그릇들은 대부분 거란 무덤에서 실제로 발견되었다(사진 4). 이러한 현상은 당시 고고학을 연구하는 데 귀중한 자료가 된다.

[그림 4-50] 양산 1호 무덤 묘실 동남벽 비음

[사진 4] 비음도에 나타나는 그릇들

거란 벽화에서 당시 거리의 모습을 알 수 있는 요소들도 많다. 거리에서 음식이나 술을 파는 모습도 볼 수 있다.

[그림 4-37] 칠가 1호 무덤 술파는 여인

[그림 4-35] 라마구 무덤 묘실 서남벽 거리의 식당

[벽화 28] 라마구 무덤 동남벽 요리와 설거지 그림

요나라 후기로 가면 전체적으로 벽화들에서 변화가 보인다. 요나라 후기 무덤 벽화의 가장 큰 특징은 인물의 크기를 키우면서도 섬세해졌고 화가는 사람, 말, 마차, 낙타 등의 구도 방식을 자유롭게 구사하며 회화 전체의 구도 관계를 확립했다는 점이다. 오한기 지역도 마찬가지이다. 천정(天井)과 묘도(墓道) 벽화가 특히 발달했는데 묘도 양 벽에는 인물상, 말, 마차, 낙타로 구성된 나발도(捺鉢圖), 시종도(侍從圖), 기악도(伎樂圖), 산림도(山林圖), 짐승도(野獸圖) 및 화석도

(花石圖)를 배도로 삼았다. 즉 무덤에서 그림을 그릴 수 있는 공간에 모두 그림을 그려 넣었는데 이들 그림은 각 부분에 주제가 다르지만 전체적으로는 무덤 주인공의 생활을 알 수 있는 모습들이다. 이런 생활상을 그린 벽화는 그림을 그릴 대상 중에 포인트를 둘 것은 구체적으로 그렸고 산이나 바위처럼 상징적인 것들은 상징적으로만 그려졌다. 이런 그림은 유럽 지역이나 중앙아시아 지역의 영향을 받은 것이 아닌가 한다.

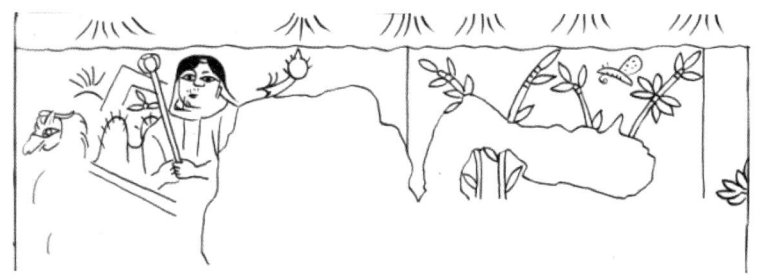

[그림 4-75] 낭랑묘 무덤 묘실 서벽 화초, 새, 곤충, 인물도

[그림 4-10] 하만자 1호 무덤 용도 동벽 쌍계도(雙鷄圖)

벽화를 통해 거란 사람들의 삶에 큰 변화가 있었다는 것도 알 수 있다. 내몽골(內蒙古) 오한기(敖漢旗) 낭랑묘(娘娘廟) 무덤과 강영자(康營子) 무덤 모두 한인(漢人)의 전통적인 병풍도(屛風圖)가 등장하는 것을 보면 당시 생활에 큰

변화가 있었다. 무덤도 실생활의 반영인데, 거란의 무덤에서 병풍이 나온다는 것은 거란의 방에서도 한인들이 병풍을 배치하는 것을 배우게 된다는 뜻이다. 이처럼 한인들의 생활이 거란 사람들에게도 점점 스며드는 것을 볼 수 있는데 이런 모습들은 거란인 무덤 벽화에서도 발견되어 금나라 무덤 벽화로 이어졌다.

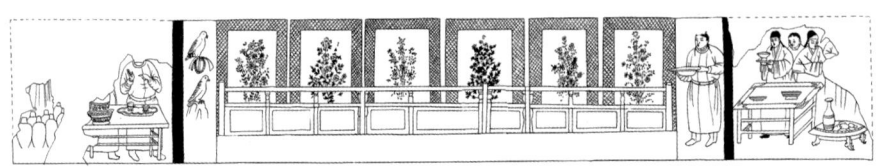

[그림 3-50] 칠가 2호 무덤 벽화

요대벽화의 창작자들은 끊임없이 민족 이동 과정에서 거란과 다른 민족의 풍습을 서로 융합시키고, 풍부한 소재와 서로 다른 내용의 그림재료를 융합시켜 요대 무덤벽화에 더욱 풍속화된 특색을 나타내게 하였다. 거란 귀족의 무덤에서 당나라 벽화 양식을 볼 수 있거나 당나라 회화의 틀을 기본적으로 활용한 것들도 많이 있다. 그렇지만 거란의 무덤벽화는 일반적으로 거란의 생활을 중심으로 그린 벽화가 많다. 인물의 크기를 키우고 이목구비를 섬세하게 그려내 인물의 구조적 특징과 내면적 감정을 표현했다. 당시 사람들의 머리 모양과 복식, 능숙한 말 끄는 자세 등을 보면 거란인의 특징이 뚜렷하게 드러난다. 거란인의 초원 생활방식을 잘 표현한 것이다. 이 그림들은 대부분 각 분야에서 활동하는 모습들을 담고 있으므로 당시 사람들의 생활을 연구하는 데 매우 중요한 자료가 될 것이다.

5장
오힌기의 거란

5장 오한기의 거란

오한기 지역은 거란의 상경에서 중경으로 가는 길목에 있는 마을이다. 다시 말해 초원지대에서 빠져나오면서 생산량은 많지 않지만 농업이 가능한 지역이다. 이는 역사적으로나 고고학적으로 증명된 사실이다.[21]

그렇기 때문에 이 지역은 오래전부터 문화가 발전하였던 것이고, 거란국 때도 변함이 없었다. 특히 거란 대의 유적과 유물은 이 지역과 요녕성 조양에 가장 많이 남아 있다. 이는 오한기가 거란의 역사를 연구하는 데 중심이 될 만한 곳이란 말이 되기도 한다. 필자는 그런 측면에서 오한기 지역의 거란 벽화무덤을 연구하였다. 앞에서 보았듯이 몇 기의 거란 벽화무덤 그림에 매우 많은 요소가 존재하는 것을 알 수 있었다. 이를 통해 본 거란은 모든 방면에서 훌륭한 문화를 가졌고, '문화가 발달했다'라는 말이 부족할 정도로 수준 높은 나라였다. 거란이 이른바 서역이라는 곳에 얼마나 영향을 끼쳤는지 지금도 중앙아시아에서는 중국을 키타이(Kitai)라고 부르며, 지금도 캐세이(Cathay)라는 말이 남아서 쓰이고 있다.

지금까지 거란무덤의 분기(分期) 및 분구(分区)가 연구된 바에 의하면 기본적으로 초기, 중기, 후기 세 단계로 나눌 수 있고, 지역별로는 만리장성을 경계로 남북으로 나누었다. 북구에 있는 무덤에는 거란무덤이 많았고, 한인(漢人)들의

---

21 2019년에 중국 오한기(敖汉旗)에서 세계좁쌀발전과 기원대회위원회(世界小米发展与起源大会委员会) 주최로 열린 '제6회 세계좁쌀기원과 발전 회의'에서 여러 학자가 발표한 내용에 의한 것이다. 아쉽게도 그 자료는 현재 비공개이다.

무덤도 거란에 동화되는 경우가 많았다. 남구에 있는 무덤은 대부분 한인 무덤이며, 후기에는 일부 한인 무덤에서도 거란화 경향이 나타나고 있다. 또한 초기 요대 벽화는 5대 혹은 송나라의 그림 양식을 받아들여 그려졌고, 후기에는 한인들의 다른 문화까지 거란인들의 문화로 녹아든 것으로 추정된다. 그것은 오한기 낭랑묘(娘娘廟)무덤과 강영자(康營子)무덤에 한인의 전통적인 병풍도(屛風圖)가 등장하는 것

[사진 5] 케임브릿지대학교 Martin Jones 교수
(좁쌀의 기원지가 오한기라는 사실을 밝혔다.)

을 보면 알 수 있다. 무덤은 실생활의 반영이므로 거란의 무덤에서 병풍이 나온다는 것은 한인들처럼 거란인의 방에도 병풍을 배치했다는 뜻이고, 이러한 풍습이 거란의 중하층 사람들의 삶에도 깊이 스며들었다고 볼 수 있다.

앞으로 더 생각해 보아야 할 점은 다음과 같다. 첫째, 거란의 영토는 동서남북으로 매우 넓어서 각 문화권별로 연구해야 한다. 현재 만리장성을 기준으로 하여 남북으로 나눈다는 기준은 구체적이지 않은 것이다. 장성 이북에서도 이남에서도 지역적인 특색은 분명 다르다. 이를 간과해서는 안 된다. 특히 현재 요하의 동쪽과 서쪽은 같은 거란 시대라 하더라도 많은 차이가 있다. 거란의 벽화무덤이 5경 지역에 집중된 것으로 보아 정치와 경제의 분획은 문화적 면모 형성에 큰 영향을 미치고 있으므로 이러한 차이는 분명하게 구별해야 한다.

둘째, 무덤의 주인들이 거란인과 한인들이라는 관점이 강하였는데 사실 그렇지 않을 수도 있다. 거란이라는 나라는 매우 넓은 지역을 차지하고 있었기 때문에 말과 풍속이 다른 많은 민족이 융합되어 있었다. 더구나 초기 거란을 건국하는 과정에서 좋든 싫든 많은 참여를 한 사람들이 바로 발해인들이었다. 이 발해인들은 초기 상경성 주변과 중경성 일대에 설치한 행정구역의 구성원이었다. 더구나 거란의 행정조직에 발해인들이 올라갔을 것으로 추정되는 매우 높은 고

[사진 6] 오한기 지역 좁쌀밭 전경

위직도 존재하였다. 그러므로 거란이 벽화무덤을 제작하는 데 발해의 영향을 무시할 수 없으며 흔히 말하듯이 거란 무덤의 주인공들은 거란과 한인 뿐이라는 편견은 버려야 할 것이다.

[사진 7] 좁쌀 가공과정

셋째, 이상하리만큼 벽화에서 거란어가 발견되지 않는다. 일반적으로 한인 계통의 무덤에서 많은 한자가 발견되거나 무덤 주인공에 대한 기록이 남아 있다. 그러나 거란 무덤에서는 그런 것을 거의 볼 수가 없었다. 일반적으로 한인들의 문화가 거란에 점점 뿌리를 내렸다고 이해하고 있는데, 새롭게 검토해 보아야 한다. 이러한 현상에 대해 원인을 몇 가지 생각해 본다면 그중 가능성이 높은 하나는 거란에 살았던 한인들의 문화수준이 낮았거나 혹은 피난 온 한인들이 대부분이었다는 것이다. 거란의 관리들은 한인들을 별도의 집단으로 만들지 않고, 발해인들과 같이 살게 하는 정책을 실행하였기 때문이다. 이런 점들을 보면 실제 전체 거란에서 한인들의 역할을 크지 않았을 것이다.

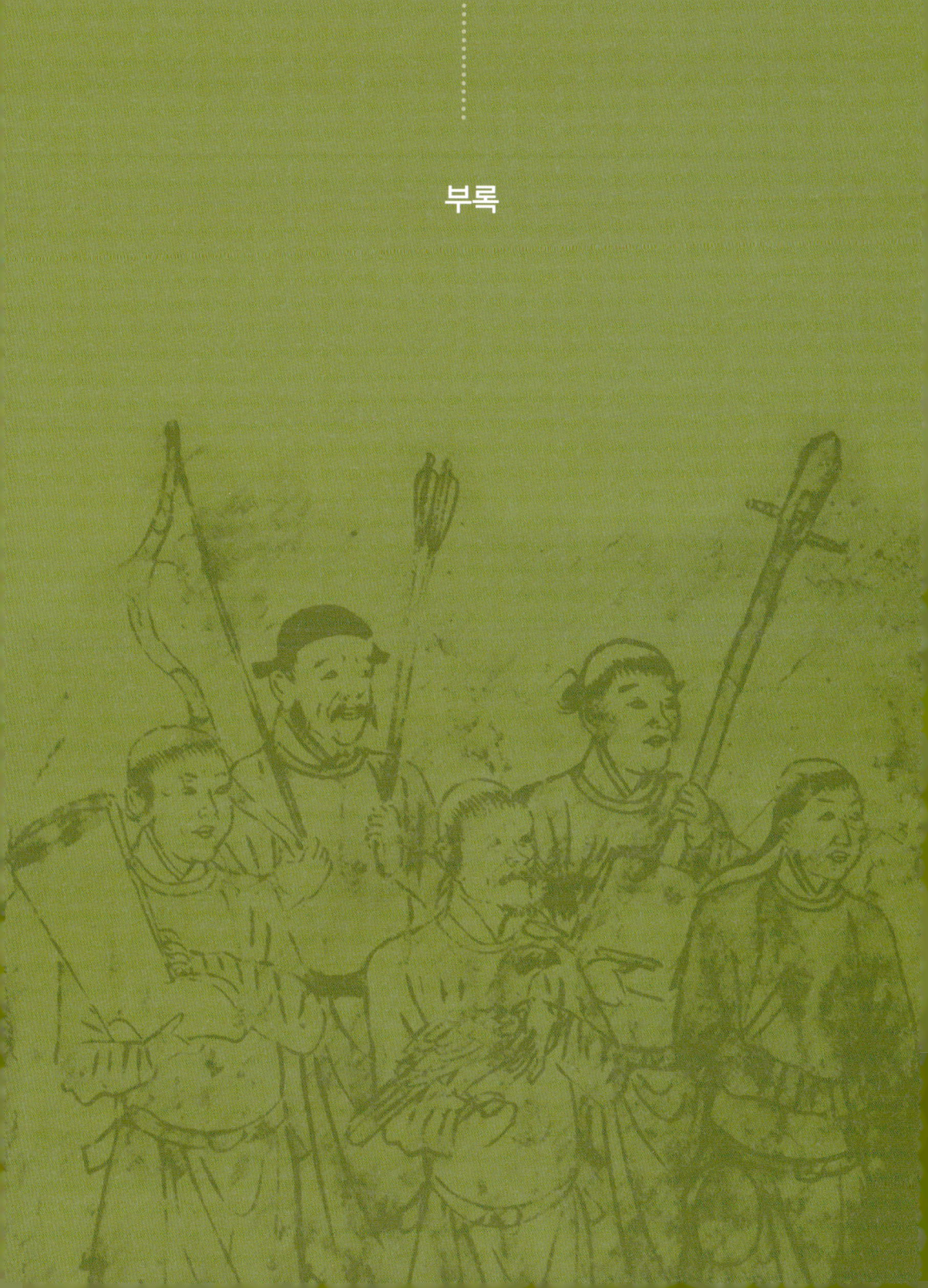

부록

부록1 발해 정효공주 벽화무덤
– 거란 벽화무덤의 기원

거란족들이 언제부터 무덤을 만들었는가 하는 것은 아직 밝혀지지 않았다. 이들은 대부분 초원에서 유동성이 강한 생활을 하고 있었기 때문에 그들이 남겨놓은 무덤 유적들을 찾기는 쉽지 않다. 그런데 어느 날 갑자기 벽돌로 무덤을 만들기 시작하였고, 더 발전하여 그 무덤에 벽화를 그리기 시작하였다. 이런 거란족들의 문화현상의 기원을 찾아보려면 먼저 그 지역의 거란족 선대 역사를 확인해볼 필요가 있다. 거란족들은 많은 고생을 하면서 생존을 이어왔다. 그 과정에서 좋든 싫든 가장 영향을 끼친 것은 고구려와 수, 당이었다. 그리고 거란이 당나라의 손에서 벗어나 거란국을 건설하는 과정에서는 발해와의 투쟁에서 성공한 것이다. 발해와 당나라에는 무덤 양식으로 전실무덤이 있었다. 게다가 두 나라는 기본적으로 무덤에 벽화를 그리고 있었다. 이러한 점들을 고려하면 거란이 발해 및 당의 영향을 받아서 전실벽화무덤을 채택했을 가능성도 생각해 볼 수 있다.

먼저 거란의 고지라 할 수 있는 발해의 벽화무덤을 확인해보면 정효공주 벽화무덤이 있다. 1980년 10월–12월, 1981년 5월– 6월에 연변 박물관과 연변 조선족자치주문물관리위원회가 길림성 연변조선족자치주 화룡현 용수공사(龙水公社)의 용두산(龙头山)에서 발해 정효공주 무덤을 발굴했다.

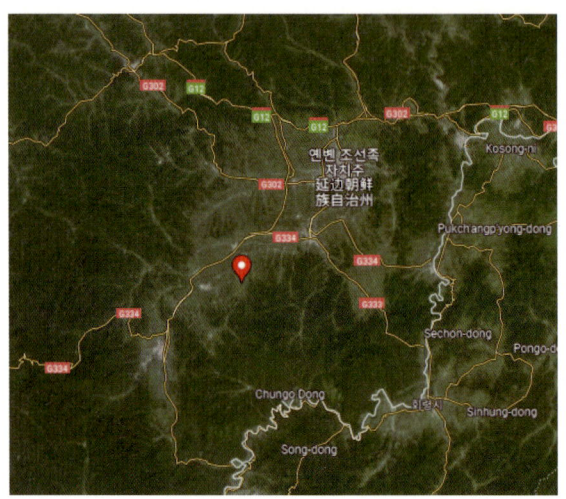

[그림 1] 정효공주 무덤 위치도

무덤의 개요는 다음과 같다. 발해 정효공주 무덤의 방향은 남북 170도이고, 묘도, 묘문, 용도, 묘실과 탑 5개 부분으로 구성된 것이다. 탑신(塔身)이 없어져서 기단부분만 남아 있다. 무덤의 남북 길이가 약 15m이고, 동서 폭이 약 7m이다. 무덤이 도굴되어서 일부분이 파괴되었다. 묘문의 높이가 1.70m이고, 상하 폭이 다르고 위 부분 폭이 1.25m, 아래 부분 폭이 1.60m이다. 묘문과 용도가 연결되어있고 용도 길이가 1.90m, 남쪽의 폭이 1.60m, 북쪽의 폭이 1.70m이다. 용도의 양쪽 벽은 장방형 벽돌로 만들고 석회로 깐 것이다. 용도는 두 부분으로 나눌 수 있고 용도 가운데에 두 짝 석문이 있다. 앞부분 남북의 길이가 1.10m, 남쪽의 동서 폭이 1.60m, 북쪽의 동서 폭이 1.70m이다. 높이 약 1.70-1.75m사이에 있다.

벽화의 내용을 보면 다음과 같다. 용도 뒤쪽 동·서 양 벽과 묘실의 동·서·북 세 벽에는 벽화가 그려져 있다. 그림 속의 인물은 도합 12명이다. 먹선으로 윤곽을 그린 뒤 주·홍·갈·청·녹·흑·백 등 색 안료를 칠한 뒤 붓으로 그렸다. 선이

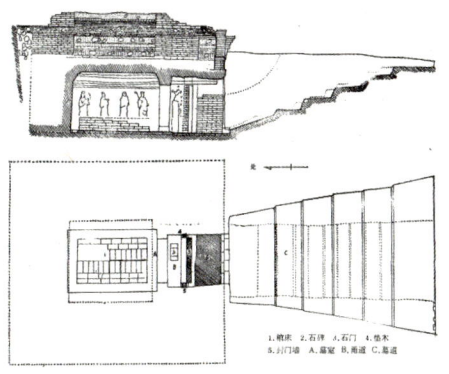
[그림 2] 정효공주 무덤 구조

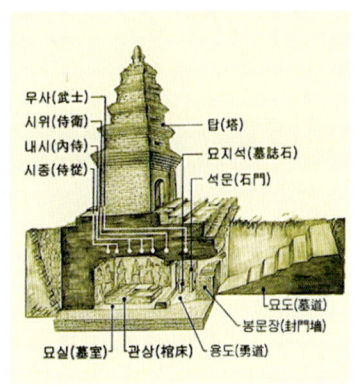
[그림 3] 정효공주 무덤 복원도

유려하고 색채가 밝고 이미지가 살아 있어 입체감이 있다. 그림을 그리는 기교가 비교적 높다. 오랜 부식과 도굴꾼의 파괴로 인해 어떤 곳은 흐트러지거나 벗겨졌다. 그러나 인물의 원래 모습은 거의 보존되어 있다. 용도 뒤쪽 동서벽에는 문지기가 각각 1명씩 그려져 있으며, 동서로 마주보고 있으며, 키는 약 0.98m이다. 서벽의 문지기는 머리에 철모를 쓰고 전포를 입고 흰색 손목 보호대를 착용했으며 검은 무늬를 장식했다. 묘실 동쪽과 서쪽 벽 남쪽에는 마주 서 있는 시위(侍卫)가 각각 1명씩 그려져 있어, 키는 약 1.17m이다. 동벽에 있는 시위는 서벽에 있는 시위와 같은 얼굴로, 갈색 원목에 소매를 꽉 채우고 검은 띠를 두르고 있다. 서벽 중·북부 벽에는 악기(乐伎) 세 사람이 그려져 있다. 북벽에는 시종 두 사람이 그려져 있는데 두 사람은 묘문을 향해 비스듬히 마주보고 서 있고 키는 약 1.17m이다. 동벽 중, 북부 벽에는 내시 세 사람이 그려져 있다.

　정효공주 벽화무덤은 그 위치가 북쪽이고, 전통적인 거란족 전실벽화무덤과는 다르지만 거란국의 시대와 가장 가까운 시기의 벽화무덤이기 때문에 그 연속성의 가능성이 있는 것이다. 하나 더 중요한 것은 거란은 나라를 세우고 나서

| 서벽 | 북벽 | 동벽 |

[벽화 1] 정효공주 무덤 벽화

그들의 수도인 상경성 근처로 많은 발해국 사람들을 이주시켜 행정구역을 설치하였다.[1] 거란이 그런 정책을 편 것은 발해유민들의 반란을 막는 것도 고려를 했겠지만 또 다른 한편 그들이 나라를 건국하는 과정에서 인재들을 수급할 목적도 있지 않았을까 한다. 발해 사람들을 데려다가 여기저기 행정구역을 설치하였는데 이들을 절대로 무시할 수는 없다. 이런 발해 사람들은 그들이 자리 잡은 곳에서 그들의 풍속을 그대로 이어갔을 가능성이 매우 높다. 발해와 거란이

---

1   《요사》, 권 39, 〈지〉 제9, 중경도, 중경 대정부
    고주(高州)
    관찰사를 두었다. 당나라 때 신주(信州)의 땅이었다. 만세통천(萬歲通天) 원년(696)에 거란의 실활부(室活部)에 설치하였다. 개태 연간(1012~1020)에 성종이 고려를 정벌하고 획득한 민호를 고주에 배치하였다. 평정산(平頂山)과 난하(灤河)가 있다. 중경에 속하였다. 1개 현을 거느렸다.
    삼한현(三韓縣): 진한(辰韓)은 부여(扶餘)가 되고, 변한(弁韓)은 신라가 되고, 마한(馬韓)은 고구려가 되었다. 개태 연간(1012~1020)에 성종이 고려를 정벌하고 삼국의 유민들을 포로로 잡아 현에 배치하였다. 호수는 5천이었다.
    장태현(長泰縣): 본래 발해국 장평현(長平縣) 백성들이다. 태조가 대인선(大諲譔)을 정벌할 때 먼저 이 읍(邑)을 함락시키고서, 그 백성들을 상경의 서북쪽으로 옮겨서 한인(漢人)들과 섞여 살게 하였다. 호수는 4천이었다.
    정패현(定覇縣): 본래 부여부 강사현(强師縣) 백성들이다. 태조가 부여를 함락시키고 그 백성들을 상경의 서쪽에 옮겨서 한인들과 섞여 살게 하고, 토지를 나누어 주어서 농사를 짓게 하였다. 통화 8년(990)에 여러 궁의 제할사(提轄司) 소속의 민호를 살게 하고 장녕궁(長寧宮)에 예속시켰다. 호수는 2천이었다.
    보화현(保和縣): 본래 발해국 부리현(富利縣) 백성들이다. 태조가 용주(龍州: 길림 農安縣)를 격파하고 부리현 사람들을 전부 옮겨 상경 남쪽에 흩어져 살게 하였다. 통화 8년(990)에 여러 궁의 제할사 소속의 민호를 살게 하고 창민궁(彰愍宮: 경종)에 예속시켰다. 호수는 4천이었다.

좋든 싫든, 발해 국토의 중요지역을 점령한 거란의 입장으로는 발해의 영향력을 무시할 수 없는 상황인 것은 분명하다. 그러므로 그동안 무조건적으로 제기되고 수용되었던 중국계와만의 연관성은 앞으로 더 연구가 되어야 할 것이다.

다른 한 계통은 당나라 혹은 당나라가 분열된 이후의 여러 나라들의 영향을 받아서 유행하게 되었다는 가능성이다. 당나라의 전형적인 무덤이 전실무덤이므로 이 견해들은 대부분의 학자들이 인정하거나 연구하는 방향이기도 하다. 이는 충분히 가능한 견해이지만 다른 측면도 봐야 한다. 거란이 나라를 세우는 과정에서 결정적인 배경이 되었던 것 중 하나가 당나라의 붕괴이다. 당나라가 붕괴되면서 이른바 5대시대가 시작되는데 이 오대시대는 당나라가 북방민족들에 의해 무너지면서 일어나는 여러 나라들이 공존하는 시대이다. 당시 어느 정도 혼란하였는가 하는 한 예를 들어보면 풍도라는 사람은 자기 집에 살면서 9개국의 정승을 하였다. 그렇기 때문에 이 시대에는 적지 않은 사람들이 난을 피하여 사방으로 흩어졌고, 적지 않은 사람이 거란족과도 섞이게 되는 것이다. 이런 과정에서 거란족의 남쪽에 있었던 문화를 받아들였을 가능성이 충분하다. 그 예를 들어 보면 5대 10국 시대에 황하 이북에 남긴 유적에서 거란의 벽화무덤과 비슷한 내용이나 구조를 볼 수 있다. 그러므로 당나라의 영향을 받아서라기보다는 5대 북국 및 그 뒤를 잇는 송나라의 영향을 받았다고 보는 것이 합리적인 설명이다.

노현(潞縣): 본래 유주 노현 백성들이다. 천찬 원년(922)에 태조가 계주(하북 大興縣 서남)를 격파하고 노현 백성들을 잡아서 상경의 동쪽에 배치하여 발해인들과 섞여 살게 하고 숭덕궁(崇德宮)에 예속시켰다. 호수는 3천이었다.
역속현(易俗縣): 본래 요동의 발해 백성이었는데, 태평 9년(1029)에 대연림이 요동의 이족(夷族)들과 짜고 반란을 일으켜 포위한 지 한 해가 지나서야 항복하자 주민 모두를 상경 북쪽으로 옮기고 현을 신설하여 살게 하였다. 이 해에 또 발해 반란인들의 가족을 옮겨 배치하였다. 호수는 1천이었다.
천요현(遷遼縣): 본래 요동 각 현에 발해인들이 거주하였는데 대연림이 반란을 일으키며 지모와 용맹이 있는 자를 뽑아 좌우에 배치하였다. 후에 성 전체가 항복하자 이들을 죽이고 그 가족을 상경의 동북지역에 옮겼으므로 천요라는 이름을 붙였다. 호수는 1천이었다.
발해현(渤海縣): 본래 동경 사람들인데 대연림의 반란으로 그들을 옮겨 배치하였다.

만약 당나라의 영향을 받았다는 견해가 지속된다면 당나라 이전의 벽화는 어떻게 설명할 것인가 하는 것이다.

이런 가능성들을 고려할 때 거란의 벽화무덤은 원래 무덤이 없이 살던 사람들이 고구려나 당나라의 행정제도에 의하여 차츰 정주를 하면서 조상들에 대한 의식을 갖기 시작하였고, 그 의식을 표현하는 과정에서 발해나 5대 사람들의 영향을 받아 전실벽화무덤을 만들기 시작을 한 것이 아닌가 추측해 본다.

부록2 거란 벽화무덤과 금대 벽화의 관계

요나라가 무너지면서 그 문화의 전통은 어디로 갔을까. 이 문제는 바로 금나라로 이어진다. 이 과정은 평화로운 정권승계가 아니라 거란족과 여진족과의 투쟁에서 여진족이 승리한 과정이다. 그렇다보니 거란의 고위층 문화나 혹은 거란의 중심지에 있던 문화들이 모두 금나라에 전해졌다고 보기는 어렵다. 그러나 거란의 문화유산들 중 금나라로 이어진 흔적을 확인해보면 다음과 같다. 지금까지 연구에 의하면 금나라의 벽화무덤은 많이 발견되지 않았지만 그 기원을 보면 거란 후대의 벽화무덤에서 영향을 받은 것을 알 수 있다. 후대 거란벽화무덤의 특징 중에 하나가 중앙아시아의 영향을 받아 새로운 기풍의 화법이나 주제 등이 크게 변한 것이다. 특히 사람이 살아가는 일상생활을 그린 것들이 많이 등장한다. 즉 권력자들에 대한 그림에서 일반 사람들의 가정적이거나 일상생활을 그리기 시작하는 것이다. 이런 벽화 기법이나 내용은 그대로 금나라의 벽화무덤으로 이어진다.

금대 무덤 벽화에서 가장 흔한 내용은 무덤 주인의 생활류, 효자류, 잡극(雜劇)류, 무사 문신(武士門神)류, 건축류, 천문(天文)류로 나눌 수 있다. 그 중 무덤 주인의 생활류 벽화가 많다. 이는 금대 무덤벽화의 중요한 구성 요소 중 하나다. 벽화 내용이 풍부할 뿐만 아니라 무덤 주인의 생전 모습까지 재현해 놓았다. 교육관련 벽화는 금대의 무덤에서도 유행할 정도로 비중이 크고, 화법도 거의 비슷했다. 어떤 것은 단지 몇 폭을 그렸을 뿐이고, 어떤 것은 24폭을 그렸다. 효자도(孝子圖)의 대량 출현 역시 금대 벽화의 특징이다. 이런 소재는 일반적으로 동서북벽의 중간에서 위쪽, 공안벽(栱眼壁)의 아래쪽, 창호 사이 또는 창호의 윗부분에 위치한다(벽화 2).

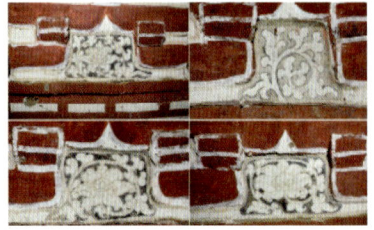

두공(斗拱) 　　　　　　　공안벽(拱眼壁)

[벽화 2] 금대 무덤의 공안벽 위치

　그릇, 접시, 컵 등 곡선을 만들 때는 정확한 곡선을 추구하지 않았다. 간단한 몇 획으로 물체의 대략적인 윤곽을 그려낸 것은 그림의 주체적인 인물 묘사 기법과 대조적이다. 금대 화가의 색채 운용과 선염(渲染) 기술도 특색이 있다. 전통적인 회화 기법에서 채색은 대상에 따라 다른 색을 사용했지만, 금대 창작자는 물체 본래의 색에 따라 그리지 않았다. 물체의 고유색에 얽매이지 않고 화면 본체에 따라 색조를 고려하여 벽화에 대비성이 강한 색채를 부여하여 화려한 장식 효과를 냈다. 대부분의 묘실 획은 색채가 풍부하며 가장 많이 사용한 색은 검은색, 하얀색, 빨간색, 녹색, 황색 등이다.

　금대 무덤 벽화의 예시로 확인해 볼 벽화는 현재 중국 산서성 우현에 자리하고 있다(그림 4). 이 지역은 어떤 이유인지 여진족들이 많이 살고 있었던 지역이다.

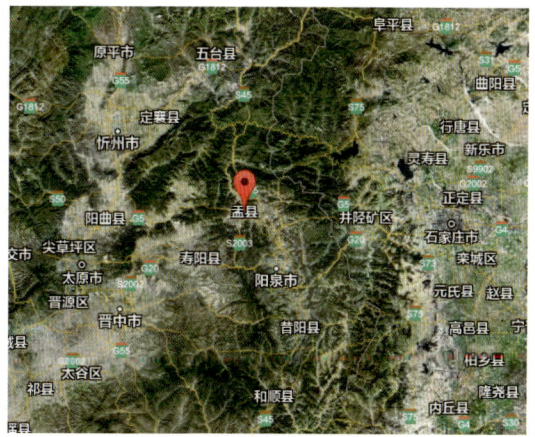

[그림 4] 벽화무덤의 위치

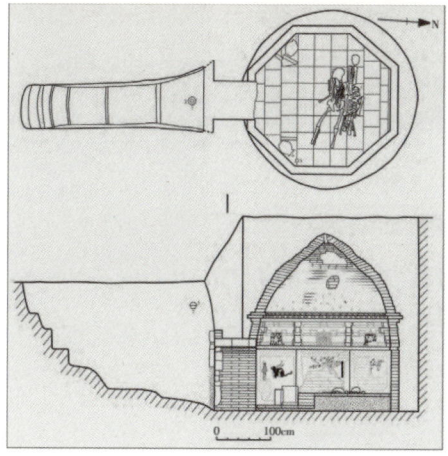

[그림 5] 금대 벽화무덤 구조

무덤의 구조는 묘문은 아치형이고, 높이가 1.04m, 너비가 0.72m, 깊이가 0.8m이며, 네모난 벽돌과 장방형 벽돌과 사암으로 구성되었다(그림 5). 묘문 상부 표면이 매끄럽고 위 부분이 넓고 아래 부분은 좁다. 묘실은 묘도 북부 1단 계단에 위치하다. 벽이 곧고 매끄럽다. 직경이 3.3m이고, 깊이가 3.8m이다. 묘실이 온전히 보존되어 있는데 평면이 팔각형이고 목조를 본뜬 벽돌묘실이다. 무덤 북쪽에 관상이 있는데 관상은 5단 네모난 벽돌로 쌓은 것이다. 묘실의 벽에 벽화 7폭이 있는데 묘문 서쪽 화폭 0.9m, 높이 0.64m, 동쪽 화폭 0.85m, 높이 0.72m이다(그림 6). 백색으로 바탕색을 칠하고 흑색으로 테두리를 그리고 회색과 흑색으로 내용을 그렸다.

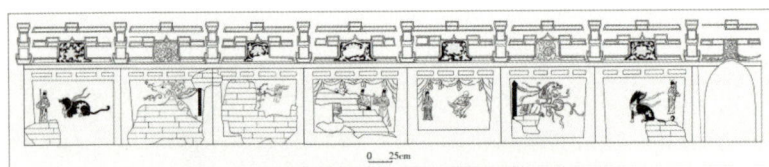

[그림 6] 무덤 벽화 전개도

검둥이와 노옹(동쪽)

[벽화 3] 문 양측 벽화도

검둥이와 노옹(서쪽)

무덤 벽화내용은 동서로 지팡이를 든 노옹 뒤로 검둥이가 앉아 있는데 노옹은 묘문에 바짝 붙어 서서 몸에 두루마기를 입고, 복두(幞头)를 쓰고 있다. 서쪽에 있는 검둥이는 크고, 목에는 리본을 달고, 머리를 내밀고, 긴 꼬리는 땅에 끌린다. 동쪽에 있는 검둥이는 노인을 등지고 앉아 돌아보며 목에 리본을 매고 귀를 늘어뜨리고 왼발을 살짝 들어 올렸다다(벽화 3).

북벽은 무덤 주인의 대좌도(对坐图)를 그린 그림으로 화폭 0.9m, 높이 0.52m 이다. 동쪽의 주인은 교의(交椅)에 단정히 앉아 둥근 깃의 회포(灰袍)를 입고 둥근 복두를 머리에 쓰고 양손에 소매를 모으고 있다. 한쪽 하인은 교각 복두를 쓰고 둥근 깃의 짙은 회포를 입고 양손에 쟁반을 들고 있다. 북쪽 무덤 주인의 양 옆으로 희희도(嬉戏图)가 있다. 무덤 꼭대기에는 황토를 한 겹 바르고, 그 위에 흰 채색 도트무늬를 장식하고, 동서로 붉은 채색 일월(日月)이 산발적으로 남아, 별 형상을 표시하였다.

비록 여기서 하나의 벽화무덤으로만 비교하였지만 거란벽화의 전체적인 분위기는 금대 벽화에서도 이어지고 있는 것을 확인할 수 있다. 다만 금대의 무덤 형식은 거란과 큰 차이가 있고, 거란 후기처럼 집단에 대한 표현보다는 개인의 삶과 취향의 성격으로 바뀐 것으로 보인다.